화살과 노래

수/필/집

화살과 노래

이창국 지음

한국문화사

화살과 노래

발 행 · 2004년 8월 30일(1판 1쇄)
       2004년 11월 20일(1판 2쇄)

저 자 · 이창국
펴낸이 · 김진수
펴낸곳 · **한국문화사**
주 소 · 서울특별시 성동구 성수1가 2동 656-1683 두앤캔 B/D 502호 133-823
전 화 · (02)464-7708 / 3409-4488
팩 스 · (02)499-0846
등록번호 · 제2-1276호
등록일 · 1991년 11월 9일
Homepage · www.hankookmunhwasa.co.kr
E-mail · hkm77@korea.com
가 격 · 9,000원

잘못 만들어진 책은 바꾸어 드립니다.

ISBN 89-5726-176-1 03810

헌사

내가 열세 살 때 45세의 젊은 나이로 돌아가시었으나 지금도 분명하게 우리 형제들의 사랑과 존경 속에 살아계신 아버지와, 혼자서 꿋꿋이 어떻게 살아야함은 물론 어떻게 죽어야하는 것까지도 분명하게 보여주고 위세를 일기로 표표히 이 세상을 떠나신 어머니 앞에 삼가 머리 숙여 이 책을 바칩니다.

감사의 말

글을 씀에 있어서는 물론, 세상을 살아감에 있어서도 항상 모범을 보여주시고 지혜를 주시는 피천득 선생님께 다시 한번 감사드립니다.

추천의 말

    이창국 선생은 수필가로서의 장점을 골고루 갖추고 있다. 무엇보다도 그는 탁월한 이야기꾼이다. 그는 엉뚱한 곳에서 이야기 거리를 발견하며, 아무것도 아닌 것을 가지고 그럴듯한 이야기를 만들어내는 재주를 가지고 있다. 그는 우리 주변에서 흔히 볼 수 있는 평범한 소재를 가지고 자신의 이야기를 시작하지만 독자들은 그의 이야기들이 어느 개인의 사사로운 이야기가 아니고 우리 모두의 이야기라는 사실을 뒤늦게 발견하고는 놀라고 즐거워하게 된다. 그의 수필은 우선 재미있고, 동시에 유익하며, 궁극적으로 독자들로 하여금 무엇인가를 느끼고 생각하게 만든다. 이런 글이 바로 좋은 글이요, 좋은 수필이다.

    이창국 선생이 수필가로서 우리나라에서 보다 높은 평가와 그에 상응한 대접을 받게 되기를 바라고, 또 그렇게 되리라고 믿는다.

2004년 7월 14일

피천득

서문

    나는 "삼" 또는 "셋"이라는 숫자를 좋아한다. 하나는 너무 외롭고, 둘은 서로 너무 가깝고, 셋은 적당한 거리와 안정감이 있어서 좋다. 그래서 그런지는 몰라도 셋이라는 숫자의 개념으로 이루어진 말이나 물건들이 우리 주변에는 적지 않다. 거의 모두가 재미있고, 유익하고, 좋은 것들이다. "삼권분립"도 그렇고, 『삼국지』에 나오는 "삼고초려," 프랑스 소설가 알렉상드르 뒤마의 『삼총사』도 그렇다. 말이 났으니 말이지 자주 만나 함께 시간을 보내는 다정한 친구는 더도 덜도 말고 세 명이 가장 무난하고 이상적이다. 단짝도 좋지만 한번 사이가 벌어졌을 때 중재자가 없는 것이 문제다. 내가 등산이나 낚시를 갈 때 애용하는 콜만 버너의 버팀 발도 세 개다.

    "삼세번"이라는 말도 있다. 세 번을 강조하는 말로써 어떤 일에서 처음 두 번의 결과가 시원치 않을 때 좋은 결과를 기대하면서 마지막으로 한 번 더 시도할 때 우리가 자주 쓰는 말이다. 나의 이 세 번째 수필집도 여기에 해당된다. 어떤 큰 성공을 기대하여서가 아니라 이번을 기점으로 나의 일생에 있어서 중요한 일 한 가지를 마무리 한다는 의미에서 그렇다.

나는 이미 첫 번째 수필집『다시 한번 강가에 서다』(1997)에 이어 두 번째 수필집『그때는 아무도 호각을 불지 않았다』(2001)를 세상에 내놓았다. 나는 이번 세 번째 수필집『화살과 노래』를 끝으로 이 일에서 손을 뗄 작정이다. 재미는 있지만 너무 힘이 든다. 시간이 가져온 심신의 쇠퇴를 인정하지 않을 수 없다. 아무래도 이 셋으로 이 놀이는 끝내는 것이 좋을 것만 같다. 자기가 좋아하는 일을 시작하여 그것에 매달려 고생하고 고민하는 일도 즐거운 일이지만 만사에는 끝이 있어야 하는 법, 시작만 있고 끝이 없는 일 치고 그 내용이나 결과가 좋은 경우가 별로 없다는 사실을 나는 경험으로 알고 있다.

소수의 사람들에게는 이미 알려진 사실이지만 지금까지 발표된 나의 수필은 거의 모두가 영자신문 〈코리아 타임스〉에 있는 "Ideas & Ideals"라는 나의 칼럼에 영문으로 발표한 것들을 틈틈이 시간을 내어 우리말로 옮겨놓은 것들이다. 일종의 번역이다. 별다른 이유가 있어서 이렇게 된 것은 아니고 일을 하다보니 순서가 그렇게 되었다. 처음에는 영어

쓰기 공부로 시작한 것이 시간이 지나면서 우리말 글쓰기로 발전하였다고도 말할 수 있다. 번역이라 하지만 어차피 나 한 사람의 머리와 가슴, 그리고 손이 동원되어 쓰인 글이기에 순수한 의미에서 번역은 아니다. 글쓰기의 순서가 바뀌었을 뿐 별 문제는 없다고 생각한다.

문제는 없지만 아무래도 이런 과정을 전혀 거치지 않은 다른 수필가들의 글과는 그 전개방식이나 구성, 성격, 또 그 분위기와 스타일에 있어서 분명 어떤 차이가 있음을 느끼거나 알아채는 독자들이 있다는 사실을 나는 알고 있으며, 나도 그 사실을 인정한다. 한마디로 나의 글은 영어 내지 영문학의 영향을 받은 우리글이다. 일생 동안 영어와 영문학에 매달려온 사람이 쓴 우리글에 그 흔적이 나타나고 또 그 냄새가 배어있다는 사실은 어쩌면 자연스런 결과이며, 오히려 그렇지 않다면 이상한 일이 아니겠는가? 나는 이런 영향이 결과적으로 우리글과 나아가 우리문학의 발전에 좋은 기여를 할 것이라고 확신한다.

이번 나의 수필집의 제목 『화살과 노래』만 해도 그렇다. 이것은 나의 창작이 아니고 미국 태생의 시인 롱펠로(Henry Wadsworth Longfellow, 1807~1882)가 쓴 동명의 시 제목이다. 이런 일은 문학의 세계에서는 흔하고 또 오래된 관행이며, 아주 바람직한 일이기도 하다. 오래 전에 죽은 롱펠로도 자기가 쓴 시가 시간과 공간을 초월하여 이처럼 살아있다는 사실을 알면 지하에서도 크게 기뻐할 것이다. 독자들은 수필집에 실려 있는 같은 제목의 수필을 읽어보면 어째서 필자가 다른 것 다 제쳐두고 이것을 제목으로 정하였는지를 깨닫게 될 것이다. 시의 내용이 나의 마지막 수필집의 서문을 쓰고 있는 나의 심경과 처지를 잘 표현하고 있기 때문이다. 우연히도 이것을 선택하게된 것이 참으로 기쁘다. 마음에 꼭 드는 제목이다. 영문학을 공부한 덕분이다. 내가 남긴 수필 가운데 어느 것 하나라도 후세 어느 누군가의 필요에 의하여 이런 식으로 사용되는 경우가 생긴다면 나는 크게 기뻐하고 감사할 것이다.

2004년 4월 20일

이창국 씀

화살과 노래 **차례** • • • 1

친구	21
큰 바위 얼굴	29
크리스마스 카드 유감	37
연구실을 정리하면서	45
화살과 노래	53

화살과 노래 **차례** ● ● ● 2

학자	65
장관 꿈	76
이름	85
자살에 대하여	93
축구와 셰익스피어	102

화살과 노래 **차례** • • • 3

노래의 날개	113
큰 깨달음	121
인간과 개	130
어떤 살인자를 위한 변호	137

화살과 노래 **차례** • • • 4

교수가 된 소설가	147
패배의 미학	155
롱펠로	163
테니슨	165
평화의 소	167

화살과 노래 차례 ••• 5

기적	177
낙원	188
시카고 이야기	195
캘리코에서	203

화살과 노래 **차례** • • • 6

네메시스	215
대통령과 아들	223
대통령과 책	232

화살과 노래 **차례** • • • 7

별들의 전쟁	241
어떤 '격려사' 3편	248
회상	253
안개 속으로	268

친구

큰 바위 얼굴

크리스마스 카드 유감

연구실을 정리하면서

화살과 노래

친구

　사람은 누구나 살아가면서 많던 적던 친구를 사귀고 갖게 된다. 부모, 형제자매, 그리고 일가친척 다음으로 우리의 삶 속에 의식적으로 노력하지 않아도 자연스럽게 생겨나는 것이 친구다. 우리가 집 밖에 나가 놀기 시작해서부터 몸이 늙고 쇠약해져서 자리에 눕는 날까지 우리는 이런 저런 사람들을 만나게되고, 함께 시간을 보내게 되며, 이러는 사이에 이들 가운데 몇몇 사람과는 특별히 가까워지게 되고 또 각별한 정서적 유대감을 느끼게 된다. 소위 우정이란 것이 생겨난다. 혈연으로 얽힌 가족이나 친척 사이에 필연적으로 존재하는 의무나 위계의 속박으로부터 해방된 이 우정은 마치 들에서 자라는 야생화처럼 자유롭고, 끈질기고, 아름답게 피어난다.
　인생의 어느 단계에서든지 친구가 있다는 것은 여러모로

좋은 일이다. 어렸을 때는 함께 놀고 장난치고 재미있는 시간을 갖는데 있어서 친구는 필수 불가결한 존재다. 학교를 졸업을 하고 취직을 하고 결혼을 하고 자녀를 갖게되고 나이 들어 퇴직을 하고 나서 집에서 한가하게 지날 때도 친구는 계속 필요하다. 몸이 늙어 거동이 자유롭지 못할 때도 소수의 말동무는 필요하다. 집들이를 하는 날에도, 아기 돌잔치에도, 자녀 결혼식에도, 부모님의 회갑연에도, 부모의 장례식에도, 당신의 환갑잔치에도 친구들이 구름처럼 모여와 축하를 해 준다면 당신의 삶은 성공적이라고 말해도 무방하다. 당신이 죽어 장례를 치를 때 친구들 가운데 장지까지 동행해 주는 친구가 몇 명만 있다면 당신의 삶은 결코 헛되지 않았다고 말할 수 있다.

 친구는 거저 생기는 것이 아니다. 친구로서 당신이 해야만 될 의무도 적지 않다. 귀중한 시간도, 정성도 그리고 때에 따라서는 돈도 써야만 한다. 친구가 어떤 심리적 고통이나 슬픔에 쌓여 있을 때는 직접 찾아가거나 전화로라도 위로를 해 주어야만 한다. 친구가 승진을 하였거나 시의원에 당선되었을 때는 축하 전화를 하거나 축전을 보내거나, 경우에 따라서는 손수 화분을 들고 찾아가 축하해 주어야만 된다. 친구가 병원에 입원을 하였을 때는 문병을 가야만 한다. 친구의 애경사에는 필히 경우에 알맞은 예의를 표시하여야만 한다. 친구가 직장이 없어 놀고 있을 때는 직장을 얻도록 도움을 주어야만 하며, 경제적 어려움에 처해 있을 때는 떼어먹힐 위험이 있겠지만 얼마간 돈도 꾸어주어야만 한다. 당신이 진정한 친구라면 (동시에 세상물정을 모르는 순진한 사람이라면) 한 채뿐인 당신의 아파트를 날릴 위험을 무릅쓰고 친구를 위해 재정보증도 선뜻 서 주어야만 한다.

그렇기 때문에 자고로 친구 많은 사람이 (다시 말해서 친구 좋아하는 사람이) 어렸을 때는 공부를 소홀히 한다거나, 커서는 가정에 소홀하다는 비난에도 일리는 있다. 이런 저런 이유로 친구가 많은 사람은 의리 있는 사람, 좋은 사람, 자기보다는 남을 더 생각하는 사람, 통이 큰 사람이라는 칭찬 이외에, 놀기 좋아하는 사람, 실속 없이 항상 바쁜 사람, 바보, 멍청이라는 비난도 받는다. 친구 많은 사람 치고 마누라에게 좋은 소리 듣는 사람은 아주 드물다.

친구는 언제 어디서나 사람들이 서로 만나는 곳에서는 생겨나게 마련이지만 그래도 우리가 다니게 된 각급 학교들이 — 유치원에서 시작하여 대학까지 — 아마도 이 친구와 우정의 주 생산지가 아닌가 한다. 학교를 졸업을 하고 나서 서로 뿔뿔이 헤어져 있게되어도 학교친구들, 소위 동창생들의 얼굴, 신체적인 특징, 성격 등은 졸업 후에도 오래오래 우리의 기억과 마음 속에 졸업사진첩과 함께 남게 된다. 그러나 시간의 흐름과 함께 필연적으로 쇠퇴하는 우리의 기억력과 우정을 계속 유지하고 발전시킴과 동시에, 이 세상을 살아가는데 필요한 실제적이고 실질적인 목적을 달성하기 위하여 생겨난 것에 동창회란 것이 있다. 우리는 원하던 원치 않던 대부분 어떤 동창회의 일원이며, 일정한 액수의 동창회비를 정기적으로 내고 있으며, 수시로 특별한 액수의 기부금을 내도록 독촉 받고 있다.

  동창회에서는 일정한 간격으로 동창들의 최근 주소와 전화번호, 그리고 근황을 알려주는 동창회 수첩이나 회보를 발간하여 배포하고 있다. 우리는 일년에 한 번 내지 두 번 열리는 동창회 모임에 가급적 빠지지 않으려고 노력한다. 해마다 연말이 되면 동창회 주최 망년회가 있게 마련이고, 이 때 우리는 서로 만나 반갑게 만나 악수를 교환하며 서로 등도 두드려주면서 안부를 묻는다. 명함을 교환하는 절차 또한 빼놓을 수 없는 중요한 일이다. 우리는 함께 마련된 저녁을 먹고, 술도 마시고, 함께 노래도 부르고 춤도 춘다. 이처럼 우리는 한 번 맺어진 우정의 불꽃을 꺼뜨리지 안으려고 지대한 노력을 경주한다.

  망년회가 있는 날 저녁 늦게 집에 도착하면 나는 으레 그 날 받은 명함들을 책상 위에 털어놓고는 명함의 종류와 용도에 따라 분류하고 정리하는 작업에 몰두한다. 친구의 이름과 얼굴을 다시 확인하고, 이 친구가 누구인지, 현재 어디에 있는지, 또 무슨 일을 하고 있는지를 잘 기억해 둘 필요가 있기 때문이다. 우선 경찰관 친구의 명함이 눈에 띤다. 잘 보관하여야만 된다는 생각이 든다. 음주운전을 하다가 걸리게 되면 이 친구의 도움이 절대적으로 필요하다. 서울 어느 경찰서 무슨 과에 근무하는지 다시 확인한다. 다음 중요한 명함은 치과의사를 하는 친구의 것이다. 현재 어금니 두 개가 썩어 흔들거리고 있는 나의 처지에 있어서 이 친구보다 더 중요한 사람은 없다. 이웃 가까운 곳에도 치과는 있지만 이 낯모르는 치과의사에게 무턱대고 찾아갔다가는 바가지 쓸 위험이 다분하다. 동창 치과의사라도 친구이긴 하지만 돈은 받을 것이다. 그러나 최소한도 생니를 뽑거나 바가지를 씌울 가능성은 적다고 믿어진다. 또 누가 알랴? 치료가 모두 끝나고 나서 내가 돈을 내려고 고집하여도 친구 사이에 무슨 돈이냐, 친구 좋다는 것이 무엇이겠느냐 등의 말과 함께 정말 돈 받기를 거절할지.

   이번에는 항공사 있는 친구의 명함이다. 이번 여름 미국에 잠깐 다녀올 일이 있는 나로서는 이것도 아주 중요하다. 아는 사람들은 알겠지마는 비행기 표라는 것이 여름 휴가철에는 돈을 주고도 사기 어려운 물건이다. 은행 지점장 하고있는 친구의 명함도 잘 챙겨두어야만 될 것 같다. 이 친구 미리 만나 점심이라도 한번 사야만 하는 것이 좋을 것 같다. 아무리 요사이 은행에서 돈 빌리기가 쉽다고 하지만 그래도 가장 값싼 이자로 유리하게 목돈을 빌려야만 할 때는 이 친구의 도움이 절실할 것이다. 항상 거드름을 피우는 대학교수하는 친구의 명함도 오늘은 특별히 예뻐 보인다. 이번 가을 아들 녀석의 결혼식이 있기 때문이다. 그렇지. 결혼식 주례는 그저 대학교수라는 직함이 제격이지.

서울에서 이름난 종합병원에 외과의사로 있는 친구의 명함 또한 각별히 잘 보관할 일이다. 지금 당장은 아니지만 혹시 누구라도 입원을 하게되는 날에는 이 친구의 도움이 필수적이다. 변호사, 판사, 국회의원 하는 친구들의 명함도 잘 보관하다보면 쓸 날이 있을 것이다. 이런 영향력 있고 높은 자리에 있는 친구들을 가지고 있다는 사실에 나는 은근히 목에 힘이 들어감을 느낀다. 친구 좋다는 것이 무엇인가? 어려울 때 서로 돕는 것이 우정이 아닌가? 우정이여 영원하라! 한번 친구는 영원한 친구이다. 친구 만세!

아니지. 동창회에 가서 너무 많이 마신 위스키 때문에 순간적이나마 내가 좀 냉정함을 잃었었나보다. 우정은 영원한 것이 아니다. 한번 친구가 영원한 친구가 될 수 없다. 친구는 계절처럼 오고 가는 것이다. 우정은 하늘에 떠 있는 달처럼 늘어나기도 하고 줄어들기도 한다. 술맛처럼 그것은 수시로 마시는 사람의 기분에 따라 변하기도 한다. 벚꽃처럼 화려하게 피어날 때가 있는가하면, 시들어 바람에 날리고 땅에 떨어져 아주 없어져 버리기도 하는 것이 친구요 우정이다.

우정이 그 강도나 친밀도에 있어서 처음처럼 아무런 변화 없이 오래 계속되는 경우는 오히려 드물다. 우정은 우리가 처하게 되는 예측불허의 처지나 사정에 따라 수시로 변한다. 시간과 장소에 의하여 오래 그리고 멀리 서로 떨어져 있는 상태는 우정을 불가능하게 만든다고 단정지어 말할 수는 없겠으나, 분명히 그런 상황은 우정의 의미를 현실적으로 무의미하게 만든다. 친구란 자주 만날 때 친구다. 우리 삶에 있어서 오랫동안 만나지 않은 옛친구를 아주 오랜 시간이 흐른 후 만났을 때처럼 어색한 일은 없다. 자주 얼굴을 대하지 않으면 마음도 자연히 멀어진다.

  친구가 당신을 괴롭히는 아주 귀찮은 존재로, 당신을 난처하게 만드는 아주 창피한 존재로, 당신의 갈 길을 가로막는 방해물이나 경쟁자로, 사기꾼으로, 배반자로, 범죄자로, 그리고 당신의 가장 큰 적으로 변해버리는 경우도 허다하다. 로마의 영웅 줄리어스 씨저는 그의 가장 친한 친구 부루터스의 칼에 찔려 죽었다. 우리나라의 박정희 대통령은 그의 친구이자 충실한 부하였던 김재규의 총에 맞아 죽었다. 항상 견원지간인 전 김영삼 대통령과 현 김대중 대통령도 한때는 서로 돕는 친구였다. 현재 나라를 온통 떠들썩하게 만들고 있는 각종 "게이트"에 연루된 범법자들 대부분은 모두가 같은 고등학교를 졸업한 절친한 고향친구들이다. 나의 고등학교 친구 하나는 친구의 돈을 빌려가 떼어먹고 해외로 도망갔을 뿐만 아니라 도망갈 때는 친구의 마누라까지 동행했다고 들었다. 몇 일 전 나의 사무실에는 나의 초등학교 동창생이라고 우기는 낯선 친구 하나가 50여 년만에 예고 없이 방문하여 이미 집에 있다고 말해도 막무가내로 나에게 엄청난 가격의 정수기를 한 대를 떠맡기고 돌아갔다. 이건 친구가 아니다. 동창생도 아니다. 강도다.

(2002년 4월)

큰 바위 얼굴

　나처럼 나이 60이 넘은 우리나라 사람들에게 알려져 있는 미국 단편소설들 가운데서 나다니엘 호손(Nathaniel Hawthorne, 1804~1864)이라는 소설가가 쓴 「큰 바위 얼굴」(The Great Stone Face)만큼 널리 잘 알려진 이야기도 드물 것이다. 이것은 우리말로 번역되어 중학교 3학년 국어 교과서에 실려있었기 때문에 당시 중학교를 다닌 사람들은 누구나 그것을 읽어야만 했으며, 공부해서 시험도 쳐야 했기 때문이다. 최근 나는 우연히도 중학교 3학년 국어 교과서를 뒤적이다가 이 이야기가 아직도 거기에 있다는 사실을 발견하고는 한편으로 놀랐고 또 한편으로는 반가웠다. 마치 오래 읽지 않고 처박아 두었던 책을 꺼내 책장을 넘기다가 그 속에서 언젠가 책갈피 속에 끼워놓고는 지금까지 까맣게 잊고 살았던 학창시절의 빛 바랜 사진 한 장을 찾아내었을 때처럼 반갑고 기뻤다. 국어 교과서는 지난 50여 년 동안 무수한 개정을 거치었음에도 불구하고 이「큰 바위 얼굴」은 마치 이야기 속에 있는 그 거대한 바위로 만들어진 얼굴과도 같이 그간의 세파와 풍상을 모두 이겨내고 의연히 그리고 변함 없이 자기의 자리를 지켜온 것이다. 나는 이 이야기의 장수에 감탄하지 않을 수 없었다.

나는 이 장수의 비결이 어디에 있는가에 대하여 잠시 생각해 보았다. 그것은 바로 그 이야기 자체 속에 있었다. 이 이야기는 누가 언제 읽어보아도 잘 만들어진 좋은 이야기다.

우선 재미있고 읽는 사람에게 무엇인가 가르침을 주는 그런 이야기이다. 모든 훌륭한 문학작품이 그러하듯이 이 이야기도 독자들을 즐겁게 만들어주면서 동시에 가르친다.

그렇다면 도대체 이 '큰 바위 얼굴'이란 무엇인가? 이 소설의 저자인 호손의 설명을 직접 들어보자. "이 바위 얼굴은 자연이 어쩌면 짓궂은 심사로 산꼭대기 깎아지른 듯한 암벽에 거대한 여러 개의 바위로 만들어 놓은 걸작품이다. 이 바위들은 적당한 거리에서 바라보면 꼭 사람의 얼굴과 아주 흡사한 모습을 띄게끔 놓여져 있다. 그러나 너무 가까이 다가가면 그 얼굴의 윤곽은 사라지고 오직 아무렇게나 모아놓은 커다란 바위 덩어리들일 뿐이었다."

이어 작가는 이 바위로 만들어진 이 얼굴에 얽힌 아주 오래 전해 내려오는 전설 내지 예언을 소개함으로써 독자들을 이야기 속으로 끌고 들어간다. 그 예언이란 다른 것이 아니고 장래 언젠가 때가 오면 이 큰 바위 얼굴이 위치한 이 계곡의 마을에서 당대의 가장 위대하고 고귀한 인물이 될 아이가 탄생할 것이며, 이 아이가 성장하여 어른이 되면 이 큰 바위 얼굴과 아주 닮은 얼굴을 갖게 된다는 내용이었다.

예언과도 같이 이야기에는 이 골짜기 마을 태생으로서 세상에 나가 크게 성공한 유명하고 위대한 인물들이—그리고 이 바위 얼굴과 꼭 닮은 얼굴을 가진 것으로 알려진 인물들—차례로 등장한다. 우선 돈을 많이 벌어 억만장자가 된 개더골드, 다음엔 군인으로서 크게 용명을 떨친 올드블러드앤드던더 장군, 대통령 후보가 된 위대한 정치가 올드 스토니 피즈, 그리고 마지막으로 한 위대한 시인이 차례로 이 마을을 찾아오며, 그때마다 마을 사람들은 이들이 바위 얼굴과 같은 얼굴을 가졌다고 주장하고 또 그렇게 믿게 되지만, 이 마을 태생이며 어린 아이 때부터 인자한 어머니로부터 이 큰 바위 얼굴에 관한 예언을 들었으며, 이 예언의 실현을 보게 될 것이라는 희망과 기대 속에 일생을 살아온 이 소설의 주인공 어네스트를 만족시키지는 못한다. 마침내 이 마을 사람들이 뒤늦게나마 그들의 평범한 이웃이요 부지런하고 정직한 친구인 어네스트가 바로 큰 바위 얼굴과 닮은 예언의 인물이라는 사실을 깨닫게 되는 것으로 이야기는 끝난다.

나는 이「큰 바위 얼굴」을 처음 중학교 국어 교과서에서 읽은 후 고등학교에서 다시 한번 이 작품을 만났다. 이번에는 영어로 읽게 되었다. 당시 고등학교 2학년인가 되었을 때 영어 교과서 이외에 부교재로 선택된 것에 딕슨 시리즈(Dixson Series)가 있었다. 미국인 딕슨 교수가 영어를 공부하는 외국인들을 위하여 단계적으로 그 수준을 높인 영어 교재였는데 그 중 우리가 선택한 책에 이「큰 바위 얼굴」이 들어 있었다. 나는 영어 공부도 할 겸해서 이 작품을 큰 소리로 읽고 또 읽었다. 읽을수록 좋은 작품이었다.

그 후 나는 대학에 진학하여 영문학을 전공하게 되었으며, 대학과 대학원을 통하여 나는 호손의 그 유명한 장편소설『주홍글씨』(The Scarlet Letter)와『일곱 개의 박공이 있는 집』(The House of Seven Gables)을 비롯하여 그가 쓴 몇 편의 단편소설들을 읽게 되었다. 그런데 불행하게도 내가 잘 아는「큰 바위 얼굴」은 어떤 이유에서인지 다시 접할 수 없었다. 내가 가졌던 호손의 작품을 수록한 선집에는 그것이 빠져있었다. 그 후 나는 상당히 오랜 기간 동안 이「큰 바위 얼굴」을 까맣게 잊고 살았다.

그런데 이 큰 바위 얼굴이 어느 날 나를 또 찾아왔다. 지난해 여름 어느 날 나는 책 한 권을 우편으로 받았다. 뜯어보니『영미단편 걸작선』(Great American & British Short Stories)이라는 제목의 책이었고, 편집자는 김인명(金仁明)이라는 생소한 이름이었다. 나는 이런저런 확인과 문의를 한 끝에 이분이 나처럼 대학에서 영문학을 가르치는 교수가 아니고 나의 고등학교 동창생으로써 놀랍게도 직업은 자동차 보험 대리점을 하는 친구라는 사실을 알았다. 나는 졸업 후 지금까지 이 친구를 한번도 만난 적이 없다. "별일도 다 있다"라는 호기심을 가지고 책을 펼치니 그 속에는 「큰 바위 얼굴」의 원본 텍스트와 함께 우리가 고등학교 시절 영어 부교재로 사용하였던 그 딕슨 책에 들어있었던 오 헨리(O Henry)의 「마지막 잎새」(The Last Leaf), 워싱턴 어빙(Washington Irving)의 「립프 밴 윙클」(Rip Van Winkle), 그리고 에드가 앨런 포(Edgar Allan Poe)의 「도둑맞은 편지」(The Purloined Letter) 등 8편이 모두 들어있었다. 참으로 오랜만에 만나는 친구들과도 같이 생소하면서도 정다운 느낌이 들었다. 이 책을 앞에 놓고 나는 잠시 힘들었던 그러나 이제 와서는 그리워지는 고등학교 시절을 회상하였다. 그리고 나처럼 영어를 가르치는 것을 직업으로 가지고 있지도 않은 바쁜 친구가 무엇 때문에 이런 돈벌이와는 거리가 먼 힘든 작업을 하였을까 궁금하기도 했다.

    김인명 씨는 이 책에서 영문 원본과 자신이 직접 번역한 우리말을 나란히 늘어놓아 독자들의 편의를 최대한 도모하였다. 그는 영문을 성실하고 정확하게 번역을 하였음은 물론, 오자나 탈자가 없도록 세심한 주의를 기울였고, 특별히 어려운 문구나 단어에는 자세히 각주를 달았으며, 작가와 작품에 대한 간단하면서도 깊이 있는 소개와 해설도 덧붙였다. 외견상으로 특별히 누구의 눈에 띈다거나 화려함이 없어 보이는 소박한 이 책은 나의 개인적인 판단으로 볼 때 어느 영문학 교수의 저서에 못지 않게 영어에 대한 해박한 지식은 물론, 그에 못지 않은 애정과 정열이 돋보이는 책이었다. 내가 수소문하여 이 친구와 전화통화를 하였을 때 자기는 고등학교 영어시간에 접한 그 작품들이 너무 좋았기 때문에 이렇게라도 그 즐거움을 오래 간직하고 싶었으며, 동시에 요즈음 영어를 공부하겠다는 열풍 속에 있는 수많은 우리 한국사람들에게 진정한 영어란 어떤 것인가 하는 것을 보여주고 싶어 그 책을 펴내게 되었다고 나에게 담담하게 말하였다.

　지난 여름 미국 동북부를 여행하던 중 우연히 찾아간 뉴햄프셔주 소재 프랑코니아 노치 주립공원에서 내 눈으로 직접 이 큰 바위 얼굴을 바라보기 전까지만 하여도 나는 이 바위로 된 얼굴이라는 것이 순전히 한 소설가의 상상력이 만들어낸 가상의 얼굴로만 생각했었다. 그러나 그게 아니었다. 그것은 실제로 있었다. 호손이 묘사한 그대로 저 멀리 산꼭대기에 엄연히 존재하고 있었다. 바위로 된 사람의 얼굴 모습은 물론 그 주위의 호수나 넓은 계곡도 소설 속에 묘사된 그대로였다. 여행 가이드가 가리키는 대로 시선을 돌려 그것을 바라보는 순간 나타난 사람 얼굴의 옆모습은 너무 멀리 떨어져 있어 대단한 구경거리는 아니었지만 넓은 이마, 눈, 높고 긴 코, 긴 인중, 움푹 패인 입과 입술, 비죽 나온 턱, 기다란 목— 그것은 분명 사람의 얼굴이었다. 바로 어제 나이아가라 폭포를 구경한 우리 일행들에게 이것은 구경거리도 아니었다. 그러나 나에게는 달랐다. 나는 마치 이 세상에서 이 바위 얼굴을 처음으로 발견한 최초의 사람이라도 된 듯 내심 크게 흥분하고 있었다. 어째서 사람들이 지금까지 이 세상에, 그것도 다른 곳이 아닌 바로 미국에, 이 '큰 바위 얼굴'이 실제로 존재하고 있다는 사실을 나에게 알려준 사람이 단 한 사람도 없었단 말인가?

그런데 이 큰 바위 얼굴이 나를 따라 서울까지 왔다. 지난주 내가 미국에 다녀온 인사차 나의 대학 은사인 피천득 선생님을 방문하였을 때 화제는 자연히 나의 미국 여행으로 흘러갔고, 나는 뉴햄프셔주 주립공원에서 보고 온 '큰 바위 얼굴'에 대하여 선생님께 말씀드렸고, 그곳 기념품 가게에서 산 큰 바위 얼굴이 선명하게 들어있는 사진엽서도 한 장 드렸다. 사진을 보면서 선생님은 93세의 고령에도 불구하고 내가 기대하였던 것보다 훨씬 더 큰 흥미와 호기심을 나타내셨다. 그리고 그는 잔잔한 미소와 함께, "「큰 바위 얼굴」은 참 잘 된 이야기지. 이 세상에서 진실로 위대하고 고귀한 사람은 아마도 이야기 속의 주인공 어네스트와 같이 그 존재가 드러나지 않는 사람일 거야. 우리 모두가 그런 사람이 되어야 하는 건데." 선생님은 잔잔한 미소와 함께 말씀하셨다.

내가 시간이 되어 작별 인사를 하자 선생님은 무심히 나에게 물었다. "자네 중학교 국어 책에 있는 그「큰 바위 얼굴」을 내가 번역하였다는 것은 알고 있겠지?" 내가 자못 놀라 모르고 있었다고 대답하자 선생님은 특유의 카랑카랑한 목소리로 말씀을 계속하셨다. "내가 서울대학교 교수였을 때, 어느 날 문교부로부터 중학교 국어 교과서에 들어갈 좋은 이야기를 하나 번역하여 달라는 부탁을 받은 적이 있었지. 그래서 나는 서슴없이 그「큰 바위 얼굴」을 골라 번역하여 주었지. 그 이야기가 아직도 국어 책에 있다니 참 반가운 일이야."

(2002년 10월 23일)

후기

이 글을 발표한지 약 7개월 후인 2003년 5월 3일 이 소설의 배경이 된 자연석 "큰 바위 얼굴"은 폭풍우로 붕괴되어 사라졌다는 애석한 뉴스가 외신을 타고 전하여졌다. 복원을 시도한다고는 하지만 그것이 어느 정도 가능한지도 의문이고, 설사 복원을 해 놓는다 하더라도 어디 그것이 본래의 "큰 바위 얼굴"이겠는가?

크리스마스 카드 유감

크리스마스가 지난 지도 오늘로서 이미 일주일이나 되었다. 그런데 기가 막히는 일은 지금까지 도착한 크리스마스 카드가 한 장도 없다는 사실이다. 아니 한 장 있기는 하다. 미국에 살고있는 누님으로부터 온 것이다. 문제는 이 한 장이 지금 이 시간까지 내가 받은 유일한 크리스마스 카드요, 또한 전부라는 사실이다. 크게 당혹스럽고 창피한 일이기도 하다. 나 스스로도 믿어지지 않는 일이요 동시에 화가 치미는 일이다.

내가 누구인가? 나는 결코 세상을 버리고 깊은 산 속에 은둔하여 도를 닦고 있는 속세를 떠난 승려가 아니다. 서울 한복판에서 지난 20여 년 동안 한결같이 수많은 학생들을 가르쳐 온 대학교수이다. 나는 평소 학생들에게 인기도 있고, 그런 대로 그들에게(모두는 아니지만) 사랑과 존경도 어느 정도 받고 있다고 굳게 믿고 살아온 사람이다. 그 수많은 학생들 가운데서 얼마는 마땅히 연말이 돌아와 이맘때가 되면 일 년에 한번쯤 나를 기억하고 카드 한 장쯤 써보내야만 할 것 아닌가? 그 카드 한 장 써서 보내는데 큰돈이 드는 것도 아니고 많은 시간을 잡아먹는 일도 아니지 않는가. 나에게 크리스마스가 의미가 있다면 바로 이 크리스마스 카드 받는 재미가 전부인데 말이다.

지금까지 매년 이맘때가 되면 어김없이 평균 사오십 장, 한때 전성기에는 약 백여 장 정도, 작년까지만 해도 이삼십여 장 정도의 크리스마스 카드를 받아온 나로서 금년처럼 크리스마스 카드가 딱 끊겼다는 사실은 섭섭한 정도가 아니라 아주 두려운 일이기도 하다. 나도 바보는 아니라서 최근에 와서 매년 받는 크리스마스 카드의 숫자가 해마다 조금씩 감소하고 있다는 사실만은 어렴풋이 감지하고 있었다. 그러나 금년처럼 딱 그쳐버릴 줄은 꿈에도 상상하지 못하고 있었다. 이것은 너무 심하다. 너무나 급작스런 충격이요, 소화하기 어려운 굴욕이다. 아니 그렇다면 그 많은 나의 팬들이(학생들이) 어느 날 어느 곳에 모두 모여 나에게 크리스마스 카드를 보내지 않기로 결의라도 하였단 말인가?

그리고 보니 이번 크리스마스에 없었던 것이 카드만이 아니다. 그 귀에 익은 크리스마스 캐롤들은 모두 어디로 갔단 말인가? 틀림없이 라디오나 길가에 있는 레코드 가게에서, 혹은 어느 다방에서 흘러 나왔음에 틀림없겠는데 통 들은 기억이 없다. 내가 점심을 먹은 다음 동료들과 거의 빼놓지 않고 들리는 흑석동 뒷골목 한 구석에 위치한 커피숍 〈터방네〉 홀 한가운데 칸막이로 일 년 내내 놓여 있는 작은 크리스마스 트리에도 올해는 어떤 장식은 물론 없었고 불도 들어오지 않았다. 우리 집 사정도 마찬가지다. 해마다 이맘때면 틀림없이 방 한구석에서 볼 수 있었던 크리스마스 트리를 금년에는 구경도 하지 못하고 지나갔다. 아예 상자 속에 있는 그대로다. 아이들이 이미 모두 성장하여 우리 곁을 떠나버린 이유도 있겠고, 지난 19일에는 그 중요한 대통령 선거가 있었다는 사실을 감안해 보면 이와 같은 크리스마스에 대한 태만이나 무관심에도 이해가 가고 또한 너그럽게 넘어갈 수 있는 일이기는 하지만 섭섭하고 서운하기는 매일반이다.

아니, 이런 변이 있나! 알고 보니 이번 크리스마스를 이처럼 조용하지만 재미없게 만든 장본인이 다른 사람이 아니고 바로 내가 아닌가! 나 자신 크리스마스 카드를 한 장도 사지도 않았고, 쓰지도 않았으니 말이다. 금년 크리스마스에 내가 쓴 카드는 단 한 장. 그것도 미국에 계신 누님으로부터 온 카드에 답장으로 마지못해 쓴 것이다. 그런데 아주 밝히는 김에 밝혀두는 것인데 그나마 한 장도 진정한 크리스마스 정신에서 우러나 쓴 것이 아님을 부끄러움과 죄스러움 속에 고백하지 않을 수 없다. 그 카드는 새로 산 것이 아니었고 우연히 책장을 넘기다가 책갈피 속에서 발견된 해묵은 것이었다. 언제 산 것인지도 모를 쓰고 남은 것 가운데 하나였다. 그런데 그나마 이것이라도 있었기에 망정이지 이것마저 없었더라면 아마 금년은 내가 아주 어린 소년 시절부터 쓰기 시작한 크리스마스 카드를 단 한 장도 쓰지 않고 지나게 된 최초의 크리스마스가 될 뻔하였다.

한때는 물론 이렇지 않았다. 크리스마스 캐롤이 거리에 흘러 넘치고, 문방구나 백화점 여기 저기에 크리스마스 카드가 산더미처럼 진열되는 11월 초순부터 크리스마스는 이미 시작되었다. 카드와 캐롤, 그리고 여기에 덧붙여 구세군 아저씨들이 흔들어대는 종소리와 자선냄비의 출현은 바로 크리스마스의 도래를 알리는 틀림없는 신호탄이었다. 지금이나 그때나 기독교 신자는 아니지만 나는 이때만 되면 누구 못지 않게 마음이 들떴으며, 크리스마스의 분위기와 정신은 나의 뼈 속까지 스며들었다.

나는 일찍감치 좋은 크리스마스 카드를 사기 위하여 시내 한가운데 있는 백화점으로 출동하였다. 더 좋고 예쁜 크리스마스 카드를 사기 위해서였다. 백화점 한 모퉁이에 마련된 크리스마스 카드 판매를 위한 특별 코너에는 참으로 많은 종류의 카드들이 제각기 모습을 뽐내며 진열되어 주인을 기다리고 있었다. 나는 내가 원하는 카드가 어디에 있는지 잘 알고 있었다. 외국에서 수입된, 더 정확히 말해서 미국에서 수입된 홀마크 카드를 팔고있는 코너가 바로 그곳이었다. 이 때만 하여도 미국에서 만들어진 것이라면 카드를 비롯하여 모든 분야와 물건에서 단연 우리의 제품보다 월등하게 좋은 시기였다. 디자인이나 그림, 색깔, 모양, 분위기에 있어서 이 미국 카드는 국산 카드보다 비싸기는 했지만 아름답고 매력이 있었다.

나는 나의 주머니 사정이 허락하는 만큼 많이 사 가지고는 의기양양, 기고만장한 기분으로 집에 돌아왔다. 돌아와서는 밤늦게까지 카드를 한 장 한 장 정성스럽게 썼다. 쓰면서 나의 카드를 받고 나의 카드에 나타난 나의 사랑과 정성, 그리고 나의 심미적 수준, 안목의 높음과 취향의 고상함에 감탄하면서 크게 기뻐하고 있을 얼굴들을 하나 하나 떠올리면서 나는 밤새는 줄 몰랐다.

카드 쓰는 재미도 재미려니와 카드 받는 재미 또한 대단한 것이었다. 국내외에 흩어져 살고 있는 내가 가르친 졸업생 제자들, 현재 가르치고 있는 재학생들, 친구들, 친척들로부터 12월이 들어서기가 무섭게 크리스마스카드가 날아들기 시작하여, 함박눈이 초가집 지붕 위나 장독대에 쌓이듯이, 나의 책상 위에 소복소복 쌓이기 시작했다. 나는 두근거리는 가슴을 진정시켜 가면서 이 카드를 한 장 한 장 뜯었다. 이들 가운데서도 해외에서, 주로 미국에서 날아온 카드들이 나의 눈을 끝었다. 무엇보다 그 질에 있어서 단연 국산카드들을 능가하였다. 나는 이것들을 크리스마스가 지난 후에도 쉽게 내다 버리지 못하였다. 어떤 것은 카드지만 너무나 예쁘고 아름다워 조그만 틀에 넣어 마치 유명한 화가가 그린 명화라도 되는 듯이 벽에 걸어놓기도 하였다. 실제로 카드들 가운데는 세계적으로 명성이 높은 화가의 유명한 그림을 복사한 것들도 자주 있었다. 나는 이것들을 보고 또 보면서 12월은 물론 1월과 2월을 보냈으며, 3월이 되어 개학을 하고 나서야 비로소 마지못해 이것들을 치워버렸다.

이제 크리스마스가 우리로부터 점점 사라지고 있는 게 아닐까? 그럴 리야 없으리라고 생각된다. 우리나라를 비롯하여 전 세계에 걸쳐 기독교를 믿는 사람들이 있는 한 말이다. 그러나 현재 우리나라에서 금년 내가 겪고 있는 바와 같이 크리스마스 카드에 관한 한 그것은 분명 현격하게 감소하였고 후퇴하였음을 인정하여야만 될 것이며, 또 앞으로 이 크리스마스 카드를 쓰는 일이 예전처럼 다시 부활할 전망은 극히 어둡고 그 가능성은 지극히 적다고 보는 것이 타당할 것이다. 금년 크리스마스가 지나고 나서 지금까지 내가 받은 몇 장의 카드는 모두가 늦게 도착한 크리스마스 카드가 아니고 우리나라 전통의 두루미나 대나무가 그려진 신년 연하장들뿐이다.

그리고 내가 최근 몇 년 간 크리스마스 카드를 받아오면서 발견한 또 하나의 부정할 수 없는 사실은 진정으로 좋은, 수준 높은, 그 예술적 경지에 도달한 과거의 크리스마스 카드를 요즈음에 와서는 찾아보기가 너무나 어렵다는 사실이다. 국산은 물론 미국에서 만들었다는 것도 눈에 차는 것이 도대체 없다. 금년 내가 미국에 살고 있는 누님으로부터 받은 유일한 크리스마스 카드도 예외는 아니다. 그저 그런 수준이다. 기대에 너무 밑 가는 지극히 평범한 것이다. 우리 누님도 이제 나이가 들더니 크리스마스 카드 사는 안목이나 정성이 줄어든 것인가? 아니면 크리스마스 카드의 본고장 미국에도 요즈음은 좋은 크리스마스 카드를 만들지 못하는 것일까? 하기야 한때 나를 사로잡았던 그 유명한 홀마크 카드도 상표만 그것이지 우리나라에서 만들어 간다고 들었다. 확인은 해보지 않았지만 사실인 것 같다.

이런 현상에 대하여 주위의 많은 사람들이 제각기 그럴듯한 이유와 원인들을 말하고 있다. 그 컴퓨터라는 것이 나왔기 때문이라는 것이다. 빠르고 편리한 전자편지, 즉 이메일이라는 것이 있는데 누가 구태여 돈 들여 시간 들여 카드를 쓰겠느냐는 것이다. 어떤 사람은 우리의 생활이 이제는 모두 바빠져서 그런 한가한 일할 여유가 없다고 탄식하기도 한다.

어떤 사람은 요사이 젊은 세대는 도대체가 글 쓰는 능력이 부족하여 카드에 몇 자 적어 넣는 일도 불가능하다고 개탄한다. 또 어떤 유식한 사람은 본시 크리스마스라는 것이 우리 것이 아니고 외국에서 온 것인데 이제 우리도 이만큼 잘 먹고 잘 살게 된 마당에 굳이 우리 고유의 것을 마다하고 외국의 풍습을 따를 이유가 어디에 있겠느냐고 문명 비판적으로 말한다. 모두 일리가 있는 말이다.

그러나 나 개인적으로 말할 것 같으면 그 원인이나 이유는 어디에 있고 무엇이던 간에 크리스마스 카드가 사라지고 있다는 사실이 무척이나 섭섭한 일이다. 나는 그 많은 크리스마스 카드를 사고, 쓰고, 받고 하였던 옛날이 그립다. 그때는 세상이 지금보다는 좀더 천천히 움직이는 것만 같았고, 주머니에 돈이 없어 사고 싶은 크리스마스 카드를 마음먹은 만큼 살 수 없었던 가난한 때였지만 그때는 내가 만사에 희망과 정열, 그리고 무엇을 희구하는 소망으로 가득 찼던 젊은 날이었다. 나에게 올해처럼 크리스마스 카드가 오지 않는다는 사실은 나도 이제는 늙었다는 사실을 상기시켜주는 여러 가지 서글픈 징조들 가운데 하나다. 크리스마스는 아무래도 젊은이들의 몫이다.

(2003년 1월 3일)

연구실을 정리하면서

내가 재직하고있는 대학의 가정과 여교수 한 분이 지난주 암으로 55세에 별세하였다. 정년까지는 10년이나 더 남은 나이다. 이 교수의 사망 소식은 같은 대학에 재직하고 있는 우리 모두에게 커다란 충격을 주었다. 왜냐하면 이분은 자신이 암에 걸렸다는 사실은 물론 방학 중에 수술을 하였다는 사실도 비밀로 하여 아무에게도 알리지 않았으며, 심지어 같은 학과에 속한 동료교수들조차도 사망의 소식을 접하고 난 후에야 비로소 그간의 사정을 알게 되었기 때문이다. 우리는 모두 문상을 가 고인의 갑작스런 죽음을 애도하였다. 이분과 사무실을 벽 하나 사이에 두고 지난 20년이 넘게 거의 매일같이 적어도 하루 한 차례 인사를 나누어 온 나로서는 남다른 허망함을 느꼈다. 이분의 연구실은 장례식이 치러진 지 약 일주일이 지난 지금까지 아직 아무도 손을 대지 않은 채 생전 그대로의 모습으로 남아있다.

　며칠 후 어느 날 아침 이 여교수의 연구실을 청소하던 청소부 아주머니는 아주 이상한 표정으로 나를 찾아와 다음과 같은 이야기를 했다. 청소부 아주머니는 항상 하던 대로 그 날도 사무실 문을 열고 들어가 주인 없는 사무실이지만 정성스레 바닥에 걸레질을 하기 시작하였다. 그때 뒤에 누군가가 서 있는 듯한 느낌에 이상하다고 생각하면서 고개를 돌리자 거기에는 고인이 된 여교수가 평상시 익숙한 복장과 태도로 서있었다가는 곧 사라졌다는 것이었다. 여교수의 죽음에 대하여 막연하게 알고 있었던 아주머니는 나에게 찾아와 사실을 확인하면서 크게 당황하고 있었다. 나는 여교수의 갑작스런 죽음이 틀림없이 우리 모두의 마음 속에 커다란 충격을 준 것이 틀림없으며, 그런 우리의 마음이 그런 결과를 가져오지 않았겠느냐고 아주머니를 진정시키고 안심시켰다. 아주머니는 믿을 수 없다는 듯이 계속 고개를 갸우뚱거리면서 나의 사무실을 나갔다.

　지금 이 시간 내 마음을 무겁게 만드는 것은 고인의 유령이 아니라 고인이 떠나기 전에 자기 사무실에 남겨놓은 고인의 물건들이다. 고인은 생전에 그처럼 오랜 시간 자기가 사용하였고 사랑하고 아끼던 물건들을 손수 챙길 사이도 없이 떠나버렸다. 고인 자신도 아마 자신이 그처럼 갑작스레 세상을 떠나게 되리라고는 짐작하지 못하였던 것 같다. 겨울 방학기간 내에 수술을 하였고 새학기의 시작과 함께 안식년 휴가에 들어갔으니 그 동안 학교에는 나올 필요가 없었다. 이제 곧 언제라도 낯선 사람들이 들이닥쳐 사무실 안에 있는 물건들을 마구 뒤지고 헤치고 쑤셔서 일부는 어디론지 가져갈 것이고 대부분의 나머지는 쓰레기로 처분될 것이다. 그분의 혼령이라는 것이 있다면 아마도 자신의 프라이버시가 그처럼 무자비하게 유린되고 파괴되고 침범되는 사실을 가슴 아파하였을 것이다. 그분이 아직도 그곳을 서성이는 이유도 있다면 아마 그런 이유일 것이다.

  대학교수가 되어보겠다는 꿈을 가진 사람들에게 있어서 연구실이 하나 주어진다는 사실은 그들의 야망과 힘든 노력, 그리고 성공의 상징적이며 동시에 현실적인 보상이다. 대학교수가 된다는 것은 매달 그 대학으로부터 꼬박꼬박 월급을 받는다는 사실 이외에 자기만이 자유롭게 사용할 수 있는 사무실 (우리나라 대학사회에서는 언제부터인지는 알 수 없으나 사무실을 "연구실"이라고 높여 부르고 있으며, 또 이제 와서는 크게 거부감 없이 일반적으로 통용되고 있다) 하나를 차지하게 되었다는 의미이기도 하다. 이 조그만 공간은 필요에 따라 조교들과 공동으로 사용하는 경우도 있기는 하지만 어디까지나 사무실의 주인은 교수다. 이 사무실의 임대기간은 보통 25년에서 35년 사이로서 다른 사회의 다른 직장인들의 임대기간보다 훨씬 길다.

어느 사람이 이처럼 한 장소에서 이처럼 오랜 세월을 보내게 되고, 결과적으로 그 장소에 대하여 많은 애정과 애착을 가지게 되었을 때, 그 사람이 죽은 후 그 사람의 최종적인 정착지로 떠나기 전 얼마 동안 남의 눈에 띄던 띄지 않던 간에 그곳에 잠시나마 되돌아와 머뭇거릴 것이라는 가정은 나의 현재 입장으로 보아 쉽게 상상할 수 있는 일이다. 결코 이상한 일도 아니다. 아마 나도 그럴 것이다.

해마다 새학기가 되면 대학에서는 새로 젊은 교수들이 들어옴과 동시에 몇몇의 노 교수들은 정년을 맞이하여 은퇴를 하게 된다. 은퇴를 하는 교수들은 당연히 그동안 마음껏 사용하여 온 사무실을 비워주어야만 한다. 그런데 이 일이 말처럼 쉽게 이루어지지 않는다. 나의 오랜 경험과 관찰에 의하면 교수들은 그 높은 지능과 깊은 학식에도 불구하고 이 사무실 비워주는 일에 있어서 아주 상식 이하의 행동을 보여준다. 그도 그럴 것이 교수들은 그동안 하도 오랫동안 이 공간을 무료로 자기 마음대로 사용하여 왔기 때문에 어언간 사무실은 사무실 본연의 의미는 이미 오래 전에 사라졌고, 사무실은 그들의 아파트처럼 하나의 사유물이 되어버렸다. 교수들은 어느 때까지 사무실을 비우라는 학교당국의 공문서를 앞에 놓고는 갑자기 의기소침해지고, 심사가 사나워지기도 하며, 애꿎게 힘없는 조교들에게 고약한 심통을 부리기도 한다.

이해가 되지 않는 바도 아니다. 그것이 크던 작던, 초라하건 화려하건, 사무실이란 사람들이 일하는 일터만이 아니다. 사무실은 단순한 일터 이상이다. 그것은 그 할당된 공간을 차지하고 있는 사람의 사회적 신분, 지위, 성공, 권위의 상징이기도 하다. 사람이 세상에서 출세하면 출세한 만큼 그에게는 더 크고 좋은 사무실이 배당된다. 회사에서 중역과 하위직 사원을 구별짓는 가장 뚜렷한 증거는 그들이 차지하고 있는 사무실의 크기와 위치다. 내가 근무하고 있는 대학의 총장실과 나의 사무실은 그 크기와 웅장함에 있어서 비교가 되지 않는다. 미국 부시 대통령도 그가 일하는 백악관의 집무실이 없이는 (대통령의 사무실은 "집무실"이라고 높여 부르는 것이 통례이다.) 상상할 수 없는 일이며, 마찬가지로 우리 김대중 대통령도 청와대의 봉황새가 새겨진 사무실의 책상과 걸상이 없다면 그 권위가 반감된다. 사람의 세속적인 성공을 가름하는 방법이 여럿 있겠지만 그가 차지한 사무실의 크기와 위치, 그 속에 들어찬 집기들의 가격과 화려함도 하나의 좋은 척도가 될 수 있다.

  교수가 연구실을 잃는다는 사실은 단순히 그의 일터를 잃어버리는 것만이 아니다. 그것은 그의 지금까지의 누려온 모든 특권을 잃은 것이다. 그동안 공짜로 사용하여온 서재, 도서관, 연락처, 휴식장소, 그리고 피난처를 잃어버림과 동시에, 그동안 누려온 교수의 신분도 잃게 되고, 아무것도 아닌

신세가 된다. 그는 이 피할 수 없는 엄숙한 명령 앞에서 주저하고, 원망하고, 슬퍼하고, 가슴아파하고, 남몰래 울기도 한다.

잘 알 수 없고 분명하지 않은 이유로 교수들은 사무실 비워주는 일을 차일피일 미루다가는 마침내는 대학사회의 가장 적합한 이사철인 방학기간을 그냥 슬쩍 넘겨버리기고 새학기를 맞이하기도 한다. 이런 사람들은 대개가 아주 고명한 분들로서 그들의 이름이 대학 내에는 물론 일반사람에게까지도 잘 알려진 분들이다. 이들은 아마도 막연하게나마 자기들은 너무나 귀중한 사람들이고, 그동안 학교에 공헌한 바가 지대하기 때문에 학교당국에서 자기들만은 예외로 하여 주기를 은근히 바라는 눈치다. 이들은 정년퇴직을 하고 나서도 사무실에는 집착한다.

이런 지연작전은 또 다른 문제를 야기한다. 이런 경우 이사를 들어올 사람은 새로 부임한 신참교수가 아니라 같은 학과에 있으면서 항상 이 사무실에 자주 들려 커피도 함께 하면서 학문을 논하던 자기 다음으로 고참인 절친한 동료교수다. 그는 그동안 이 사무실에 자주 놀러오면서 이 사무실이 자기 사무실보다 넓고 전망이 좋다는 사실에 오래 전부터 눈독을 들여온 터이다. 이제 드디어 때가 와서 자기가 차지할 차례인데 옛 주인이 선뜻 방을 비워줄 생각을 하지 않으니 기막힌 노릇이다. 화가 치밀고 당장이라도 방 빼라고 호통을 치고 싶지만 그 또한 점잖은 대학사회에서 어려운 일이다. 그는 이런 저런 방법을 모두 동원하여 압력을 넣어보지만 번번이 실패한다. 새학기가 시작되자 드디어 더 이상 참을 수 없어 집에 전화를 건다. 해당 교수는 해외에서 열리는 세미나에 참석 차 부인과 함께 해외여행 중이란다. 사무실 열쇠가 없으니 속수무책이다.

결국 학교당국이 분쟁 해결에 나서게 된다. 어느 날 갑자기 험악하고 우락부락하게 생긴 장정들이 들이닥쳐 자물쇠를 부수고 들어가 (전 주인은 의례 열쇠와 함께 사라진다) 사무실 안에 있는 물건들을 모두 꺼내 복도에 산더미처럼 쌓아 놓는다. 이후 몇 일 간 이 복도를 오가는 사람들은 뜻하지 않은 쓰레기로 이루어진 보기 흉하고 서글픈 인간의 끝없는 욕망의 잔해로 이루어진 특별전시회를 감상하게 된다.

나도 지난 20여 년이 넘게 서울에 있는 한 대학에서 조그만 사무실 하나를 점유하여 온 사람이다. 이제 퇴직도 몇 년 남지 않은 시점에서 사무실을 떠날 마음의 준비를 하고 있는 중이다. 이 조그만 사무실 하나 비우는데는 하루 한나절이면 충분하다는 사실을 나는 잘 알고 있다. 그러나 그동안 나의 일생에 있어서 그처럼 오랜 세월 그 귀중한 시간들을 함께 보낸 이런 정들고 귀중한 장소를 마치 무서운 물건이나 더러운 물건으로부터 피하여 달아나는 것처럼 어느 날 갑자기 훌쩍 허겁지겁 떠난다는 것은 참으로 마음이 좁고 옹졸하고 못난 사람이나 할 짓이다. 내가 이처럼 일찌감치 사무실을 비우는 일에 열을 올리는 이유는 바로 그 어려운 작별을 우아하고, 아름답고 부드럽게 하기 위하여 충분한 시간을 갖기 위함이다.

그것이 하나의 작별이건 이사이건 간에 어떤 일을 한 가지 야무지게 잘 하려면 항상 충분한 시간을 가지고 해야만 한다. 이번 나의 사무실 바로 옆에 있었던 여교수의 갑작스런 서거가 나에게 가르쳐준 하나의 교훈은 언제 어느 때고 일말의 유감이나 후회 없이 사무실을 떠날 준비를 갖추고 있으라는 것이다. 그래서 만약에 갑작스레 무슨 일이 일어나더라도 구태여 다시 사무실에 찾아와 무엇을 확인할 필요도 없고, 그래서 순진한 청소부 아주머니를 또 다시 놀라게 하는 일이 없어야만 할 것이다.

(2002년 7월)

화살과 노래

지난 9월 7일 저녁 나는 서울 쉐라톤 워커힐 호텔에서 개최된 한 화려한 파티에 초청되는 영광과 기쁨을 누렸다. 이 모임은 내가 한때 근무하였던 창덕 여자 고등학교 23회 졸업생들이 그들의 졸업 30년을 기념하기 위하여 마련된 것이었으며, 이 행사에 그들은 옛날 자기들을 가르친 은사들을 몇 명 초청하였는데 나도 그 가운데 한 사람이었다. 이제 갓 50대에 접어든 약 200여 명의 나이든 제자들이 드넓은 홀을 가득 메웠다. 그들은 옛 스승들을 쉽게 알아보았지만 나는 그렇지 못했다. 그도 그럴 것이 이제 이들은 30년 전 교복을 입었던 10대의 소녀들이 아니었다. 이들은 모두 화려한 옷을 마음껏 차려입고 나타난 인생의 절정기에 있는 아름답고 매력이 넘치는 여인들이었다.

시간이 이들에게 가져온 그 엄청난 변화를 보는 순간 나는 나 자신의 눈을 믿을 수 없었다. 이 수많은 여인들 사이에서 처음 얼마간 나는 약간 불안하고 어색함조차 느꼈다. 그러나 약 세 시간 계속된 행사와 식사, 그리고 준비된 여흥이 끝났을 때쯤 되어서는 그 간 서로 떨어져 살면서 생겨난 정서적인 거리와 시간이 가져온 간격은 흔적도 없이 말끔히 사라졌고 우리 늙은 교사들은 어느덧 옛날의 젊은 선생님으로, 이 중년의 여인들은 모두 활기 넘치고, 수다스럽고, 극성스러운 장난꾸러기 여고생으로 되돌아가 있었다.

행사가 모두 끝난 뒤 나는 내가 담임을 한 반에 속하였거나 꼭 그렇지는 않았더라도 나를 특별히 좋아하였던 몇몇의 학생들, 아니, 아줌마들 십여 명에게 붙잡혀 호텔 커피숍으로 갔다. 우리들은 커피 잔을 앞에 놓고 그리움 속에 지난날을 회상하였다. 이들은 그 당시 있었던 재미있었고 우스꽝스러웠던 여러 가지 일들을 하나하나 회고하여 나에게 상기시켜 주었다. 이들이 들려주는 에피소드나 사건들 가운데 한두 개는 나도 상기할 수 있었다. 그런데 놀라운 일은 이들이 나에게 생생하게 들려주는 그 이야기나 사건들의 대부분은 완전히 나의 기억으로부터 소멸되어 재생이 불가능하였다는 사실이다. 이런 가운데서도 이들은 나를 난처하게 만들거나 내가 듣고 기분이 나빠할 그런 토픽들은 애써 그리고 현명하게 피하고, 내가 들어서 기쁘고 좋아할 그런 기분 좋은 이야기만

나에게 들려주었다. 나는 다 알면서도 이런 아름답고 현명한 여인들을 한때 가르쳤다는 사실에 행복하였고 또한 자랑스럽게 느꼈다.

그런데 뜻하지 않은 일이 하나 벌어졌다. 지금까지 한구석에 앉아 조용히 얼굴에 미소만 지으며 말 한 마디 없이 계속되는 대화를 지켜보고 있던 학생, 아니, 여인 하나가 나에게 보여줄 것이 있다는 말과 함께 느닷없이 핸드백을 열더니 그 속에서 오래된 편지봉투 하나를 꺼내 테이블 위에 놓았다. 호기심에 가득 찬 다른 여인들의 시선이 순간 이 편지 위에 집중되었다. 봉투에 쓰여진 필체로 판단해 볼 때 그것은 내가 쓴 편지가 분명했다. 순간 나는 좀 어색하게 느꼈고 나도 모르게 얼굴이 붉어졌다.

내가 기억하는 한 나는 영어교사로 재직하는 동안 어느 학생에게 개인적으로 편지를 써보낸 기억은 전혀 없었다. 그리고 교사로서 크게 잘못되었다던가 부끄러운 일은 한 적은 없다고 속으로 자부해온 사람이다. 그러나 오늘 저녁 이곳에서 확인한 한 가지 분명한 사실은 나의 현재의 기억력은 크게 믿을 것이 못된다는 것이었다. 크게 못 믿을 것이 아니고 전혀 믿을 수 없는 것이었다. 30년 전이라면 나는 그 수많은 아름답고 사랑스럽고 매력적인 그리고 다 큰 여학생들 사이에 포위된 나이 채 30이 되지 못한 총각 선생이었다. 나는 이 학생에게, 아니, 이 학생말고도 다른 학생에게도 이상한 내용이

담긴 편지를 써 보냈을 수도 있는 노릇이었고, 시간이 많이 지났다고는 하지만 그 내용이 공개되는 날에는 지금이라도 나를 크게 망신 줄 수 있는 일이었다. 이 여인은 이런 편지가 집에 몇 장 더 있다고까지 말하였다.

나는 봉투 속에서 접혀있는 편지를 그 자리에서 꺼내지 않을 수 없었다. 마음 같아서는 그냥 그 봉투를 가지고 온 여인에게 돌려주고 뭐라고 핑계를 대고 그 자리를 모면하고 싶은 심정이었으나 그것도 쉬운 일은 아니었다. 꺼내었으니 또 읽지 않을 수도 없었다. 내가 읽지 않으면 이제는 이 세상 무서울 것이 없는 이 아줌마들이 그대로 지나칠 일도 아니었다. 나는 "에라 모르겠다"라는 심정으로 애써 태연함을 유지하면서 30년 전 교실에서 학생들 앞에서 영어 교과서 읽듯 편지를 읽기 시작하였다.

편지의 시작은 그런 대로 교사가 여학생 제자에게 보낸 편지치고는 지극히 평범한 것으로써 세상을 밝게 보고, 앞을 보고 살되 너무 멀리 보지는 말라는 나 특유의 설교로 이루어져 있었다. 그런데 신기하고도 다행스럽게도 그 밑에는 다음과 같은 영시 한 편이 눈에 들어왔다. 나는 우선 크게 안심이 되었다. 만년필로 꼬박꼬박 쓰여있는 이 영시는 그 밑에 나의 번역문도 붙어있었다. 나는 내가 글씨를 잘 쓴다는 사실을 이때 새삼스럽게 확인하였다. 나는 "아이고 이젠 살았구나"하는 안도의 한숨과 함께 자신 있는 목소리로 편지를 읽어 내려

갔다.

The Arrow and The Song

- H. W. Longfellow

I shot an arrow into the air,
It fell to earth, I knew not where;
For, so swiftly it flew, the sight
Could not follow it in its flight.

I breathed a song into the air,
It fell to earth, I knew not where;
For who has sight so keen and strong,
That it can follow the flight of song?

Long, long afterward in an oak
I found the arrow, still unbroke;
And the song, from beginning to end,
I found again in the heart of a friend.

화살과 노래

나는 허공으로 화살 하나를 쏘았네,
그 화살 어느 곳에 떨어졌지만
나는 그곳이 어딘지는 알지 못했네,
너무나 빨리 나는 그 화살
나의 시선으로 따라갈 수 없었기에.

나는 허공에 노래를 하나 불렀네,
그 노래 어느 곳에 떨어졌지만
나는 그곳에 어딘지는 알지 못했네,
누가 시력이 제아무리 좋다고 하나
노래가 날아가는 것을 따라갈 수 있겠는가?

먼 먼 훗날 나는 찾았다네
참나무에 부러지지 않는 채
박혀 있는 나의 화살을:
한 친구의 가슴속에 처음부터 끝까지
고스란히 남아 있는 나의 노래도.

 시의 낭독이 계속되는 동안 여인들은 마치 교실에 앉은 학생들처럼 조용히 나의 낭독을 경청하였고 다 끝나자 일제히 박수를 쳤다. 박수는 쳤지만 그 편지의 내용이 그들이 기대하였던 것에 못 미쳐서인지 약간 실망한 분위기였다.

내가 어떤 계기로 이 시를 이처럼 정성스럽게 적어 번역까지 붙여 이 학생에게 보냈는지는 전혀 기억이 나지 않으나, 이제 와서 돌이켜 생각해보니 내가 그때 이 학생에 관심을 갖고 많은 격려를 하였다는 사실은 분명하였다. 이 여인은 지금까지 자기는 이 편지를 결혼을 하고 나서도 잘 간수하여 왔다고 말하였다. 이런 편지를 가져와 여러 사람들 앞에 불쑥 내놓아 순간적이나마 나의 간을 조이게 만들었던 여인은 편지를 도로 달라고 하더니 정성스레 접어 봉투 속에 밀어 넣고는 핸드백을 열고는 그것을 다시 조심스럽게 집어넣었다. 그 여인은 자기가 꿈 많은 그리고 고민 많던 외로운 여고생이었을 때, 부모 이외의 다른 중요한 사람으로부터 어떤 관심이 필요하였을 때, 자기에게 관심을 가져주었고 이와 같은 격려의 편지를, 그것도 한두 장이 아니고 여러 장 써 보내준 데 대하여 진심으로 감사를 한다고 거듭 말하였다. 우리는 다시 한번 모두 마음껏 웃고 헤어졌다.

밤늦게 차를 몰아 집에 돌아오면서 나는 핸들을 잡은 채로 다시 한번 그 "화살과 노래"를 읊조려 보았다. 그리고 그 편지를 그토록 오랫동안 간직하고 있는 그 졸업생을 생각해보았다. 이제야 차츰 희미한 안개가 걷히듯이 천천히 망각의 저 밑바닥으로부터 그 교복을 입은 여학생의 얼굴이 떠올라 조금 전 그 중년 여인의 얼굴과 포개져 살아났다. 맞다. 그 여학생이었다. 그 여학생은 키도 몸집도 아주 작아 교실에 앉을 때나 줄 서기에는 언제나 제일 앞이었다. 항상 수줍어했고, 남의 앞에 나서지 못하는 학생이었다. 여러 면에 있어서 다른 학생들의 훨씬 뒤에 처지는 학생이었다. 나는 내가 한때 교사로서 어떤 학생에게 그렇게 편지를 손수 써서 보내줄 만큼 부지런했고 정열적이었다는 사실에 나 자신 놀라지 않을 수 없었다. 지금에 와서 생각해 보면 도저히 믿을 수 없는 일이었다. 시에 나타난 시인처럼 나도 그러고 보니 한때는 나의 학생들에게 좋은 "노래"도 불러주었고, 그리고는 그런 사실을 까맣게 잊고 있었다. 그런데 그 노래는 한 나의 옛 학생의 마음 속에 고스란히 남아 있었으며 나는 그것을 오늘 밤 다시 발견한 것이었다. 나는 대단히 기분이 좋았다.

그러나 나의 이런 행복한 기분은 그때 내가 쏘았을 "화살"을 생각하는 순간 갑자기 사라지고 대신 불안하고 초조해졌다. 확실히 나는 그때 오늘 밤 내가 확인한 바와 같이 학생들을 칭찬하고 격려하는 "노래"만 부른 것은 아니었다. 그 상처받기 쉬운 학생들의 가슴을 아프게 만들었기에 충분한 많은 "화살"도 쏘았음에 틀림없었다. 내가 그때 무심히 그리고 그 결과를 예측하지 못하고 행한 불친절하였고 무책임한, 때에 따라서는 건방지고 오만한 언행은 아마 지금도 어딘가에 "부러지지 않은 채로 참나무에 박혀 있는 화살과"도 같이 그대로 남아있을 것이다. 오늘 밤 노래 하나는 다시 찾아내었다. 그러나 화살의 소식은 들을 수가 없었다. 도대체 화살은 모두 어디에 있는 것일까? 밤늦게 마신 커피 때문이기도 하였겠지만 그 날 밤 나는 잠자리에 들어 쉽게 잠을 이루지 못하고 한참이나 엎치락뒤치락 하였다.

(2002년 10월)

학자

장관 꿈

이름

자살에 대하여

축구와 셰익스피어

학자

 전 고려대학교 철학과 교수 김용옥 씨는 교육방송(EBS) 텔레비전을 통하여 춘추전국시대 중국의 사상가 노자의 철학을 강의하여 일약 명성을 얻은 후, 그 여세를 몰아 KBS로 진출하여 현재 매주 금요일 밤 10시부터 무려 100분 동안 무려 100회에 걸쳐 전 국민을 상대로 이번에는 공자의 『논어』를 강의하고 있다. 강의의 내용과 강사의 태도에 대하여 이견이 분분하기는 하지만 그가 시도한 이 특별한 종류의 텔레비전 쇼는 현재까지 크게 성공을 거둔 것은 분명하다. 그 프로그램을 놓고 벌어지고 있는 열띤 논쟁 자체가 하나의 그 증거이다. 나는 어떻게 이분이 애초에 다른 것도 아니고 그 어렵다는, 따라서 지루할 수밖에 없는 노자의 철학이나 공자의 『논어』를 텔레비전을 통하여 강의 해보겠다는 생각을 갖게 되었는지 의아해하지 않을 수 없으며, 그의 그런 구상과 시도, 자신의 능력에 대한 자신감에 그저 감탄하지 않을 수 없었다.

공자인지 노자인지 비슷하게 차려입은 옛날식 의상, 중처럼 빡빡 깎은 머리, 이분 특유의 약간 쉰 듯한 카랑카랑한 높은 톤의 목소리, 교실에서 학생들 가르칠 때 몸에 밴 반말, 연극배우 못지 않은 몸 동작과 얼굴표정, 특정 종교에 대한 솔직하다면 솔직하고 무책임하다면 무책임하고 대담하다면 대담한 코멘트, 부끄럼 없이 해대는 자기 자랑, 지식 자랑, 학력 자랑, 가족 자랑, 마누라 자랑 (자식 자랑이 없는 것이 이상함), 영어는 물론, 중국어, 일본어, 독일어, 불어, 라틴어, 희랍어 등 엄청난 외국어 실력의 과시, 일본 동경대학교 석사학위, 미국 하버드대학교 박사학위,—이 모든 것을 총동원하여 그는 그 프로그램을 보는 수많은 청중들을 압도하고있다.

참으로 TV 강사로서의 그의 연기는 대다수 시청자들을 사로잡기에 충분하다. 청중들은 이 특별한 종류의 강의를 통하여 말로만 들어온 훌륭한 내용의 중국 고전인 『논어』를 아주 재미있고 쉽게 배우고 있다고 생각하면서 대단히 즐거워하는 것 같다. TV로부터 노래하고 춤추는 것만이 아니고 좀더 수준 높은 어떤 종류의 교육도 기대하는 시청자들로서는 김용옥 씨의 이 『논어』 강의야말로 재미와 가르침을 동시에 가져다주는 고마운 프로라고 하겠다. TV를 보고만 있어도 지식이 늘고, 교육이 되고, 거기다가 웃기까지 할 수 있으니 시청자들로서는 더 바랄 것이 없다고 하겠다.

이처럼 "텔레비전 교수"로서 김용옥 씨의 대단한 성공은 필연적으로 이 분야에 흥미를 갖고 오랫동안 이 분야를 공부하여온 소수의 전문가들, 다시 말해서, 학자들의 엄격한 분석과 평가, 그리고 검증을 받게 되었다. 많지는 않지만 (많을 수도 없고 많을 필요도 없지만) 이 나라에서 그 동안 한학(漢學)을 공부하여 온 전문가들 가운데 몇 사람이 나와 이미 김용옥 씨가 노자의 글이나 『논어』를 번역하고 해석함에 있어서 저지르고 있는 중대한 오류를 지적하게 되었고, 또 일부에서는 그가 학자로서 학문에 대하여 취하는 안하무인적이고 유아독선적인 태도를 비난하기 시작하였다.

영문학이 전공인 나는 이분의 TV 강의를 지금까지 아주 재미있게 보아오고 있는 사람들 가운데 하나이다. 그런데 뜻밖에도 몇 일 전 오래 전에 돌아가신 아버지 제사를 위하여 모인 화기애애한 가족모임에서 이분의 『논어』 강의가 화제에 올랐는데 부드럽게 시작된 이야기는 곧바로 가족들 사이에서 격렬한 논쟁으로 발전하였고, 토론 참석자들의 혈압은 급기야 위험수준으로 상승하였고 하마터면 엄숙한 제사도 못 지내고 뿔뿔이 헤어질 뻔하였다.

한쪽에서는 이 김용옥이란 사람이야말로 모르는 것이 없는 대학자로 추켜 올리는 반면, 또 한쪽에서는 아무것도 모르면서 아는 체 하는 엉터리 쇼맨이라고 깎아 내렸다. 심지어 사기꾼이라는 말까지 나왔다.

  도대체 하나의 텔레비전 프로그램을 놓고 어찌하여 이처럼 커다란 의견 차이가 있을 수 있단 말인가? TV에 누가 나와 무슨 프로를 진행하여도 그 프로그램이나 진행자에 대하여 찬반의 이견은 으레 있게 마련이다. 그러나 이번 경우는 사정이 달랐다. 좋다, 싫다, 잘한다, 못한다. 정도의 그런 의견 차이가 아니었다. 가짜냐 진짜냐의 문제였다. 다시 말해서 도올 선생이야말로(김용옥 씨의 호) 박학다식한 현재 우리나라에서는 보기 드문 대학자냐, 아니면 이상한 몸짓과 유창하지만 속은 텅 빈 그럴 듯한 언변으로 청중들을 기만하고 있는 사기꾼이냐의 문제였다. 이런 경우 이 나라에서 그래도 지성인에 속하는 필자로서 할 일은 무엇이란 말인가. 팔짱만 끼고 재미있다고 구경만 할 것인가, 아니면 나도 이런 논쟁에 끼어들어 한쪽 편을 들어 줄 것인가? 아니면 어떤 공평한 재판관이라도 되어 둘 중에 누가 옳고 그른가를 가려주어야 할 것인가?

  전직이 적어도 이 나라에서는 알아주는 명문대학의 교수요, 세계적인 명문 대학인 하버드대학에서 박사학위까지 받은 사람이 어떻게 다른 것은 몰라도 사기꾼이 될 수 있습니까? 우선 누군가가 이런 질문을 해올 것이다. 이 질문에 대한 나의 대답은 긍정적이다. 될 수 있다. 사람은 누구나 — 교수도, 학자도, 문인도, 법조인도, 성직자도, 정치인도, — 사기꾼이 될 잠재적 가능성을 언제든지 가지고 있다. 우리에게 가짜 상품을 진짜라고 속여 팔거나, 큰돈을 벌게 해주겠다거나 취직을 시켜주겠다고 속여 당신의 돈을 우려먹는 사람만이 사기꾼이 아니다. 알고 보면 이런 사기꾼들은 우리가 조금만 정신을 차리고 헛된 욕심만 갖지 않는다면 쉽게 발견할 수도 있고 또 미리 대비할 수도 있다.

정작 우리가 더 경계해야만 되고 더 잡아내기 어렵고, 또 그 피해가 우리 눈에는 보이지 않는 사기꾼에는 지식을 많이 가지고 우리 앞에 나타나는 소위 "지식 사기꾼"들이 있다. 이런 사람들은 월등한 학력 때문에, 높은 지능 때문에, 능란한 언변 때문에, 그들의 사기행각은 보통사람들의 눈에는 잘 드러나지 않을 뿐만 아니라, 오히려 이런 사람들은 대부분이 사회 각 분야의 높은 자리를 차지하고, 사람들의 존경을 받고, 사회의 지도자로 군림하기도 한다. 우리는 가끔, 아니, 자주 우리 사회의 저명한 인사나 지도자급 인물들에 의하여 저질러지는 도저히 믿을 수도 없고 상상할 수도 없는 엉뚱한, 뻔뻔스런, 파렴치한, 기대를 저버리는, 행동과 행위 앞에서 어리둥절하고 분노하기도 한다. 속았기 때문이다.

사실 우리 세상은 온통 이런 거짓말을 하면서도 자기가 거짓말을 하고 있다는 사실조차 의식하지 못하는 이상한 종류의 사기꾼들로 가득 차 있다. 거짓말쟁이 가운데 가장 흉악한 거짓말쟁이는 거짓말을 진실처럼 말하는 거짓말쟁이다. 아무런 내용도 없고, 논리도 통하지 않고, 따라서 아무런 가치도 없는 글을 계속 써 독자들을 어리둥절하게 만들면서도 부끄러워하기는커녕, 오히려 자기가 대단한 문인이나 사상가, 나아가 철학자연 하는 사람들도 알고 보면 이런 부류에 속하는 사람들이다. 이 세상의 모든 위선자들은 예외 없이 자신들은 성자라고 알고 있다.

 외국에 유학하여 박사학위도 받았으며, 국내 일류대학에서 교수를 역임하였을 뿐만 아니라 그 대학의 총장도 역임하였고, 그 후 이 나라의 문교부 장관까지 한 사람이 있다. 이분은 외국의 저명한 학자가 쓴 책을 그대로 베껴서 자기의 저서로 둔갑시켰다가 나중에 들통이 나서 장관자리를 그만두었다. 이분은 지금도 버젓이 어느 높은 자리에 앉아 좋은 말씀만 골라하면서 국가와 사회를 위하여 봉사하고 계시다. 입으로는 항상 민주주의와 인권, 자유를 부르짖으면서도 그들의 행동에 있어서는 항상 그런 고귀한 이상과는 먼 거리에 있는 사람들도 경우는 달라도 그 근본에 있어서는 별 차이가 없다. 역사상 유명한 독재자들 치고 자신들이 오직 국민과 국가를 위하여 헌신하고 있다고 진지하게 믿지 않은 사람은 없었다. 히틀러도 그랬고 김일성도 그랬다. 어떤 궤변가도 자기가 궤변을 늘어놓고 있다고 생각할 만큼 정직할 수는 없다.

 모든 거짓말쟁이들이 다 그렇지만 사기꾼은 자기가 사기꾼인지를 모른다. 아니, 알면서도 애써 모른 척 하거나, 아닌

척 하거나, 아니면 어떤 방법으로든지 자신의 행위를 합리화 하거나 정당화한다. 이런 사람들은 습관적으로 자기 자신을 속이면서 오랜 시간 살아왔기 때문에 자기가 거짓말을 하고 있다는 사실조차 모른다. 이런 사람이 어떻게 하여 생겨나는가에 대하여는 우리 보통 사람들은 알 길이 없다. 거기에는 필경 우리가 알 수 없는 여러 가지 복잡하고도 미묘한 원인과 이유가 있을 수 있겠으며, 이런 것을 밝혀내는 일은 아마도 이 분야에 전문적인 공부를 많이 한 심리학자나 정신분석학자들에게 맡겨야 될 것이다.

다만 한 가지 분명한 사실은 우리는 가짜 물건을 진짜라고 속여 파는 세일즈맨의 그럴 듯한 말에 속아 넘어가지 말아야 하듯이, 결코 이런 거짓말하면서도 거짓말하는 줄조차 모르는 더 수준 높은 유식한 지식 사기꾼에게도 속아서는 안 된다는 것이다. 가짜를 보고 즉시 가짜인 줄 알아차리는 사람이 바로 교육을 제대로 받은 사람인 것이다. 다시 말해서 그것이 루이비통 핸드백이건, 한 편의 시건, 목사의 연설이건, 교수의 강의건, 학자의 논문이건, 한 권의 책이건, 정치인의 연설이건, 가짜와 진짜를 구별하는 능력이 있는 사람이 바로 진정한 지식인이요, 지성인이요, 쉽게 말해서 똑똑한 사람인 것이다. 이런 판단의 한 가지 분명한 기준은 그 사람의 말과 행동이 일치하느냐 안느냐를 보면 된다. 말과 행동이 일치하지 않는 사람이 바로 정직하지 않은 사람이요, 거짓말쟁이요, 사기꾼인 것이다.

거기서 누가 무엇을 어떻게 다루던 간에 텔레비전은 결코 무엇을 가르치거나 배우기에는 알맞은 매개체가 아니다. 텔레비전이라는 거대한 교실에는 즐거움을 바라는 수많은 청중이 있을 뿐이며, 아무리 훌륭한 학자도 이들에게 공부에 필수적인 힘들고 시간을 요구하는 예습이나 복습을 요구할 수는 없다. 예습과 복습이 없는 학습은 있을 수 없다. 텔레비전은 시청자의 시선을 끌어들여 그것을 계속 붙잡고 있어야만 한다. 그렇다보니 그 속에서 다루어지는 어떤 주제도 — 그것이 『논어』이건, 축구 시합이건 — 곧바로 보고 즐기는 대상으로 변하며, 힘들여 준비하고 익혀야만 할 대상은 아니다. 어찌 보면 이것이 바로 진정한 교육 앞에 TV가 가져야만 하는 최대의 그리고 치명적인 결점이요 약점이다.

이 세상에 제아무리 잘 만들어진 TV 교육프로그램도 그 운명은 같다. 시청각교육이란 말은 그럴 듯하지만 실제에 있어서는 힘들여 해야만 되는 공부를 영화 보듯이 쉽게 할 수 있다는 발상에서 생긴 말이다. 도올 선생도 아마 본능적으로 이런 TV의 "즐거움의 원칙"을 알아차렸을 것이며, 그것에 따라 알맞게 행동하여 성공을 거두었다고 말할 수 있다. 그가 초라한 대학의 강의실을 떠나 화려한 TV 마이크 앞에 선 순간 그는 이미 자기가 즐겨 말하는 학문이나 학자의 길과는 전혀 상관이 없는 다른 길로 들어섰다는 사실을 다른 어떤 사람보다도 김용옥 씨 자신이 바보가 아닌 이상 곧바로 깨달았을 것이다.

그런데 김용옥 씨는 시간이 흐르면서 치솟는 인기에 취하여 그만 이 "즐거움의 원칙"과 진정한 엔터테이너의 역할을 망각하고는 자기 스스로의 자가발전과 자기도취에 힘입어 자신이 진정 하나의 교사이며, TV를 통하여 전 국민에게 무엇인가를 진지하게 가르치고 있으며, 여기에서 더나가 자기가 아주 진지한 학자, 그것도 이 나라에서는 둘도 없는 대학자라고 스스로 굳게 믿게 된 듯하다. 이것이 바로 이분의 슬픈 운명이다. 진짜 코미디다. 비극이다.

가만히 보니 그가 말하는 것이 모두 농담은 아니다. 그는 자기가 말하는 것을 스스로 깊게 믿는 것만 같다. 외국어 몇 마디를 그 외국어를 모르는 청중들 앞에서 여봐란 듯이 과시하면서 그는 진정으로 자기가 그 외국어를 아주 완벽하게 잘 알고 있는 것으로 착각하고 있는 듯하며, 또 그렇게 모든 사람들이 믿어주기를 바라는 것만 같다. 순진한 사람을 겁주는 데는 그 사람이 모르는 외국어를 사용하는 것이 가장 효과적이다. 그는 스스럼없이 이 나라에서는 공자나 노자에 대해서는 자기보다 더 공부한 사람도 없고, 더 많이 아는 사람도 없고, 더 정확하게 아는 사람도 없다고 공공연히 말하고 있는데, 이 모든 것이 아무래도 청중들을 웃기기 위한 농담만은 아닌 것 같다. 정말로 그는 그렇게 굳게 믿고 있는 것 같다.

이것은 자못 심각한 문제다. 병이 들어도 아주 중증이다. 메갈로메니아(과대망상증)에 걸렸어도 아주 된통 걸린 것 같다. 이 병이야말로 머리 좋고, 똑똑하고, 장래가 촉망되는 사람을 자기도 모르게 사기꾼으로 떨어지게 만드는 무서운 병인 것이다.

공부를 많이 한 사람은 무엇보다도 자기가 아는 것은 너무 없고, 모르는 것이 너무 많다는 사실을 명확하게 깨닫고 있는 사람이다. 누구나 공부를 좀 하다보면 하면 할수록 모르는 것이 점점 더 많아진다는 사실을 곧바로 인식하게 된다. 그는 자기가 선택한 학문을 처음 시작하였을 때의 그 즐거움, 자신감, 열정이 곧바로 끝을 모르게 펼쳐지는 지식의 깊이와 넓이 앞에서 곧 그 빛을 잃어버리고, 자신은 언제나 무지의 바다 앞에 서 있는 아주 미미한 존재임을 깨닫고는 절망한다. 그래도 그로 하여금 그 분야의 공부를 계속하게 만드는 원동력은 항상 새로운 지식을 습득하는데 있으며, 바꾸어 말해서, 모르는 것을 새롭게 깨닫는 즐거움 속에 있지, 아무리 많이 모아 보아야 다람쥐가 겨울을 나기 위하여 가을 내내 나무 구멍에 모아놓은 밤톨만한 분량밖에 되지 않는 조그만 지식을 자랑하는 데 있지 않다.

도올 선생이 즐겨 다루고 있는 노자나 공자는 물론, 인류 역사상 우리에게 알려진 모든 위대한 학자는, 위대한 교사는, 진정한 지식인들은, 모두 하나같이 자기가 아는 것이 별로 없다고 말하였지(그것도 자기가 공부하는 제한된 분야에서), 결코 무엇을 좀 안다고 스스로 말한 적은 없다. 그들은 하나같이 자신들의 무지와 무식 앞에서 겸손하였고, 자신 없어 하였고, 부끄러워하였다.

  소크라테스 같은 철학자가 우리의 변함 없는 스승으로 남아있는 이유는 그가 공부를 많이 하여 모르는 것이 없는 만물박사였기 때문이 아니고, 그의 나이 70이 되어서도 자신은 아직도 아는 것이 아무 것도 없다고 솔직하게 고백하고 있기 때문이다. 소크라테스도 자기 자랑을 전혀 하지 않은 사람은 아니다. 그는 자기가 다른 사람들보다 모르는 것이 많다는 사실을 더 잘 알고 있기 때문에 자기는 다른 사람들보다 더 현명하다고 말한 적은 있다.

(2001년 5월)

장관 꿈

"희망은 인간의 가슴에서 영원히 솟는 샘물, 이 샘물의 축복에서 제외된 사람은 없다."
—알렉산더 포프

임오년 새해가 밝아 오면서 사람들이 모이는 곳에서 오가는 화제는 단연 다음 두 가지이다. 하나는 금년으로 임기가 끝나는 현 김대중 대통령에 관한 이야기이고, 또 하나는 자연히 그를 이어 다음 대통령이 될 후보자에 관한 것이다. 가만히 주위를 살펴보니 4년 전 현 김대중 대통령 집권 초기의 열렬한 지지자들의 목소리는 이제 상당히 누그러져 잘 안 들리는 상태이고, 반면에 그를 비난하거나 비꼬아 말하는 농담반 진담반의 이야기가 주류를 이루고 있다. 김영삼 전 대통령의 임기 말 현상과 흡사할 정도가 아니라 아주 일치하고 있다.

기대와 실망이 반복하는 정치라는 이름의 회전문이 한 바퀴 돈 셈이며, 이제 머지 않아 청와대에 새로운 주인이 들어서면서 이 문은 또 한번 같은 회전을 반복할 것이다. 민주주의가, 아니 정치가, 아니 우리 인생살이가, 바로 이 희망과 실망의 연속이 아니고 다른 무엇이겠는가?

누가 될 지는 아직은 잘 모르겠으나 한 가지 확실한 것은 우리가 금년만 지나면 새로운 대통령을 갖게 된다는 사실이며, 이 새 대통령은 취임과 동시에 공석이 되는 높은 자리들을 메울 유능한 새로운 인재들이 많이 필요할 것이라는 사실이다. 나와 같이 매일 점심도 같이하고 농담도 하던 친구들 가운데 몇 사람이 하룻밤 사이 장관으로 발탁되어 학교를 떠나는 것을 과거에 몇 번 경험한 나는 혹시 이번에는 나의 차례가 오지나 않을까 하는 기대와 희망, 그리고 흥분에 또 가슴이 뛴다. 불행하게도 지금까지 그렇게 여러 번 대통령이 바뀌고 정권도 바뀌었지만 나의 책상 위에 놓인 전화는 한 번도 높은 곳으로부터 걸려오지 않았다.

그런데 이번에는 사정이 다르다. 꼭 전화의 벨이 울릴 것이라는 예감이 든다. 현재 유력한 차기 대통령 후보 가운데 한 사람을 아주 가까운 곳에서 보좌하고있는 실력자 가운데 한 사람이 바로 나의 대학 동창생인데, 얼마 전 동창회에서 만난 자리에서 때가 되거든 나를 좀 그분께 잘 말해달라고 단단히 부탁해 놓았기 때문이다.

그렇다면 이제 남은 일은 나의 지금까지의 경험과 지식을 가지고 새로 구성되는 정부 안에서 나는 과연 어떤 자리를 맡을 것인가를 생각할 때이다. 언감생심 총리를 해보겠다는 생각을 해서는 안 될 일이다. 능력도 문제이긴 하지만 아무리 생각해 보아도 그것은 지나친 욕심이다. 욕심이 과하면 화를 자초한다고 일찍이 공자께서 말씀하지 않았던가. 나의 전공이 영문학이니 사람들은 분명 문학, 특히 영문학은, 정부의 어떤 일과도 별로 연관성이 없다고 생각할 것이 분명하다. 이제 와서 생각해보니 전공이 아주 불리하다. 그럴 줄 알았더라면 나도 영문학이 아니고 경제학이나 경영학, 아니면 법학과 같은 실용적인 학문을 공부했어야 하는 것인데. 일이 잘못 되어도 크게 잘못 되었다. 후회막급이다.

교육부 장관은 어떨까 생각해 본다. 괜찮을 것 같다. 어찌 되었던 간에 그동안 나는 이 나라 교육계에서 근 30년을 넘게 일해 왔으니 새 대통령이 나를 교육부 장관에 임명한다 하더라도 신문에서 처음부터 부적격자라고 물고 씹지는 않을 것이다. 그렇다. 교육부 장관이다.

그러나 여기에도 문제는 있다. 내가 비록 그 간 우리나라 교육계에 오랫동안 몸담아 왔고, 주위의 사람들도 나를 교육자라고 부르기는 하지만 나는 실제 "교육"이 무엇인지에 관하여서는 아는 것이 별로 없다. 사람들이 모이면 요즈음 우리나라의 교육이 잘못 되어도 아주 크게 잘못 되었다고 열을 올리는 소리를 들을 때마다 정작 교육현장에서 일하고 있는 나로서는 할말이 없어 입을 다물고 만다. 뭐 교육이나 교육제도, 입시제도 등 중대한 문제에 대하여 무엇 하나 제대로 아는 것이 있어야 입을 열 것이 아닌가? 솔직히 말해서 대학에서 그동안 나는 그저 영어로 쓰여진 시나 소설을 읽고, 해석하고, 시험 문제 내고, 학점 주는 일만 하였지, 이렇게 엄청나게 크고, 복잡하고, 골치 아픈 문제들에 대하여서는 생각할 틈도 없었고, 흥미도 없었다.

나는 지금까지 그저 내 앞에 모인 학생들로부터 존경까지는 바라지 않더라도 실력 없다는 소리 듣지 않도록 노력하였고, 그들의 비위를 잘 맞추어 배척받지 않고 지금까지 꼬박꼬박 매월 월급만 챙겨 마누라에게 가지고 가는 데만 급급하였으니 뭐 좀더 폭넓게 교육에 대하여 알 턱이 없다. 솔직히 말해서 나는 일생을 대학에서 가르치고 있는 대학교수이지만 정작 누군가가 지금이라도 "도대체 대학이란 무엇인가?"라는 간단한 질문을 해도 나는 그 자리에 얼어붙어 벙어리가 되고 말 것이다. 그러니 한 나라의 교육 전체를 이끌고, 다루고, 관리하는 일은 분명 나의 능력을 뛰어넘는 엄청나게 복잡하고 어렵고 거대한 일임에는 틀림없다. 교육부 장관 자리는 주어져도 감당 못할 자리가 분명하니 일찌감치 포기하는 것이 상책이며, 양심에도 꺼리지 않는 결정이다.

그런데 그 결정이 그리 간단하지 않다는 데 더 큰 문제가 있다. 사실이 그렇다고 하더라도 나는 솔직히 말해서 그 장관 자리가 주어지기만 한다면 결코 거절하거나 사양하지 못할 것이니 말이다. 나는 누구보다도 내가 어떤 사람인가를 더 잘 알고 있다. 평소 다른 사람에게는 퍽 이성적이고, 엄격하고, 사리에 밝은 말을 그럴 듯이 잘하지만 그것은 오직 말뿐이며, 그리고 다른 사람의 경우나 처지에 해당될 때뿐이다. 나 자신에게는 언제나 관대하다.

위에 언급한 여러 가지 사실과 이유가 있음에도 불구하고, 나는 정말로 장관 자리가 주어지기만 한다면 사양하거나 거절하기는커녕 배고픈 호랑이 노루새끼 덮치듯 달려들어 움켜쥐고는 좋아서 펄펄 뛸 것이다. 희희낙락 할 것이다. 기고만장 할 것이다. 장관으로 그 일을 잘 해나갈 것이냐 아니냐는 문제가 되지 않는다. 우선 되고 볼 일이다. 어제까지만 해도 무대 위에서 연극만 하던 연극배우도 어느 날 환경부 장관에 임명되지 않았던가? 연극배우도 환경부 장관 하는 세상인데, 이 대학교수가 교육부 장관 못한다는 법도 없지 않는가? 우선 되고 볼 일이다.

장관이 되어보자. 그 다음 날 신문에는 나의 얼굴 사진과 함께 나의 화려한 이력이 낱낱이 만천하에 소개되어 볼 사람 안 볼 사람 모두 보고 알게 될 것이다. 그 순간부터 나의 친구들, 친척들로부터는 물론, 평소 나와 서먹서먹한 사이에 있던 사람들, 나와 경쟁관계에 있던 동료들, 심지어 나의 적들로부터도 쇄도하는 축하전화로 나의 전화통에 불이 붙을 것이다. 축하 전화는 물론, 전국 각지에서 알 수 없는 사람들로부터도 축전이 줄을 잇고, 그리고 귀하고 비싼 화분들이(주로 난초) 줄지어 들이닥칠 것이다. 이 어찌 간단히 거절할 일인가?

　다음날 아침 출근부터 나의 모습은 달라질 것이다. 아침 일찍 검은색의 고급 승용차가 한 대가 나의 아파트 앞에서 대기할 것이다. 운전기사 또한 넥타이에 양복을 말쑥하게 차려 입은 사람이다. 내가 집에서 나오면 그는 정중한 태도로 차의 문을 열고 내가 자리에 앉는 것을 확인하고는 공손히 문을 닫고 차를 운전하여 서울 한복판에 위치한 정부종합청사로 향할 것이다. 손수 나의 고물 엘란트라를 운전하여 흑석동에 있는 나의 초라한 사무실로 출근할 때와는 그 기분이 전혀 다를 것이다.

　나의 사무실, 아니 장관실에 도착하면 먼저 나와 늘어서 있던 나의 부하 보좌관들의 정중한 인사와 마중을 받고 안내를 받아 전망이 좋은 집무실로 향한다. 장관이 하는 일은 "사무"라 하지 않고 "집무"라 하며, 동시에 장관실도 사무실이라고 하지 않고 집무실이라고 부른다. 엘리베이터 한 대는 언제나 나를 위하여 비워놓은 채로 대기상태다. 집무실도 크고 넓으며, 그 속에 놓여있는 집기들 또한 모두가 아주 값비싸고 품위가 넘치는 물건들이다. 내가 자리에 앉으면 아름다운 여비서는 언제나 내가 즐기는 향기로운 커피 한 잔과 함께 그

날 행사 스케줄을 테이블 위에 가져다 놓는다. 나는 차관을 비롯한 국장들과 자주 회의를 하고, 그들의 이야기를 듣고, 가끔 심각한 얼굴로 질문도 하고, 그 분야에 전문가들이 작성한 서류에 엄숙한 얼굴로 서명을 한다. 상상만 해보아도 신명나고 목에 힘이 들어가는 일이다.

어디 신명나는 일이 이뿐이겠는가? 곧 나는 난생처음 나의 월급과, 동시에 제발 그 빌어먹을 쓸데없는 책 사는데 낭비하지 말라는 경고 내지 충고, 그리고 잔소리와 함께 매달 나에게 주어지던 용돈의 액수에도 이제는 신경 쓰지 않아도 된다. 매일 아주 호화로운 장소에서 점심과 저녁을 먹는 일이 비일비재이지만 비용은 나의 소관이 아니다. 누군가 내기로 되어 있으니까. 만나고 어울리게 되는 사람들도 모두가 높은 자리에 있는 자신만만하고, 세련된, 그리고 경제적으로 성공한 멋진 사람들뿐이다. 뭐 부탁이라고 할 것도 아닌 부탁을 하고는 으레 공무에 보태어 쓰라고 두둑한 봉투도 주고 간다. 함께 마신 커피 값을 누가 내느냐에 신경을 쓰는 쩨쩨한 학교 동료들과는 비교할 수 없이 모두가 통이 큰 사람들이다.

거기다가 국내는 물론 해외 여행도 자주 있으며 이 또한 모두 공짜다. 그 뿐인가. 이제부터 비행기 안에서는 좁은 의자 틈바구니에 쪼그리고 앉아 고생할 필요가 없다. 좌석은 언제나 널찍한 특등석이고, 비행장에서 내리면 누군가가 으레 미리 마중 나와 귀찮은 수속은 밟아주고, 무거운 짐도 대신

들어준다. 비행장에 마련된 귀빈접견실은 나의 전용이다. 어째서 대통령을 비롯한 정부 고관들이 재직 시 걸핏하면 그 고된 해외여행에 나서는지 그 이유도 이제는 알만하다.

　그러나 위에 언급한 즐거움들을 모두 합하여도 아무도 쉽게 만날 수 없는 청와대에 계신 대통령을 만나보는 영광과 즐거움을 당할 수는 없다. 가끔 대통령과 함께 있거나, 의견을 나누거나, 결재를 받는 모습이 텔레비전에도 나온다. 가끔 나는 내가 바로 대통령이 아닌가하는 착각을 한다. 내가 바로 대통령이 된 기분이다. 대통령에 가까이 갈 수 있는 사람이라는 사실을 알고있는 주위의 사람들도 나를 아주 높이 평가한다. 어째서 대통령을 둘러싸고 있는 사람들이 걸핏하면 직권남용이나 월권, 수뢰 등 부정한 범죄행위에 연관되어 사회의 지탄을 받고 심지어 감옥에 가는 일이 자주 일어나는지 알만도 하다. 청와대에 다녀 온 날은 하루종일 여러 해 묵은 꼬냑에 취한 기분이다.

　이처럼 권력과 영광에 취하여 시간이 흐르는 줄 모르는 채 하루 하루가 간다. 하루 하루가 꿈만 같다. 나는 이 꿈에서 깨어나고 싶지 않다. 이 꿈을 어떻게 해서라도 좀더 오래 꾸고 싶다. 그러나 안타까운 일이지만 어찌하랴. 높은 산에 올라간 사람이 잠깐 정상에 머물고는 하산하여야만 하듯이, 꿈은 아무리 달콤한 꿈이라 하더라도 어차피 깨어나야만 하는 것을. 아무리 깨어나지 않으려고 발버둥 쳐도 소용없는 일이다.

참으로 이상하고 믿을 수 없는 일이다. 평소 헛된 소리 안 하고, 헛된 욕심 부려본 적이 없는 내가 나답지 않게, 어울리지 않게, 잠시나마 이처럼 말도 되지 않는 꿈으로 새해 임오년을 맞이하다니 말이다. 새해 벽두부터 보통이 아닌 변고다. 좋지 않은 징조다. 각별히 몸조심하여야만 하겠다. 따지고 보니 이 모두가 또 찾아와 사람들의 마음을 들뜨게 만들고 있는 대통령 선거 때문이다.

그렇다고 대통령 선거를 탓하거나 비난할 일은 결코 아니다. 대통령 선거야말로 좋은 일이요, 또 크게 환영할 만한 일이다. 우리나라에 오 년마다 한 번씩 찾아오는 대통령 선거가 차질 없이 계속되는 한 적어도 나처럼 한 차례씩 꿈속에서나마 장관도 되고 총리도 되는 꿈을 꿀 수 있는 사람들이 이 나라에 얼마나 많겠는가? 그리고 그런 꿈과 희망이 있는 나라에서 태어나 산다는 일은 얼마나 축복된 일인가. 현 김대중 대통령에 대한 정치적 업적에 대한 최종적인 평가는—김대중 대통령뿐만이 아니고 앞으로 어떤 대통령에 대한 평가—궁극적으로는 그가 다음 대통령을 무사히 뽑아놓고 물러가는 일에 달려있다. 그래서 나를 포함한 모든 사람들에게 또 한번 희망을 주는 일이다. 그 희망이 영원히 풀리지도 않고 해결되지도 않고 계속되는 인간사회의 정치적 문제들 앞에서 또 실망으로 변할 것이 뻔한 사실이라 하더라도 역시 희망은 좋은 것이다.

(2002년 1월)

이름

　이창래 씨는 현재 미국에서 살면서 활동하고 있는 한국 태생의 소설가이다. 1995년 출간된 그의 소설 『네이티브 스피커』(Native Speaker)는 그가 처음 발표한 작품치고는 큰 성공이었다. 책도 비교적 많이 팔렸을 뿐만 아니라 비평가들로부터도 호의적인 평가를 받았다. 그리고 이 작품은 그에게 몇 개의 문학상도 가져다주었다. 최근 출판된 그의 두 번째 소설 『제스처 인생』(A Gesture Life, 1999)은 더한층 수준 높은 작품으로 평가받았으며 매스컴의 각별한 각광도 받았다. 이제 그는 소설가로서 미국에서 완전히 자리를 잡았다고 말하여도 지나친 말은 아닐 것이다. 미국의 유력한 문예지인 『뉴요커』(The New Yorker)는 미국에서 활동하고 있는 40대 이하의 유망한 현존작가 20인 명단에 그를 포함시키기도 하였으니 말이다.

 이창래 씨의 소설가로서의 성공은 이미 그의 첫 소설의 발표와 함께 국내 주요 신문에서 그의 사진과 함께 크게 소개되고 다루어졌으므로 그의 이름은 이 방면에 관심 있는 사람들에게는 이미 잘 알려져 있다. 영문학이 전공인 나로서는 국내 일간신문 이외에 권위 있는 미국의 전문 문학비평 주간지 『뉴욕 타임스 북 리뷰』와 시사 주간지 『뉴스위크』에서 그에 관한 자세한 소개와 비평기사를 큰 흥미와 관심을 가지고 읽었다. 무엇보다도 그의 이름과 나의 이름이 아주 유사하다는 사실에 나는 괜스레 기분이 좋았다. 동시에 참으로 재미있다고도 느꼈다. 이름만으로는 그가 나와 형제간이라던가 또는 어떤 가까운 친척이 될 수 있는 그런 이름이었기 때문이었다. 실제로 이런 사실을 확인하기 위하여 나의 사무실 문을 노크한 동료 교수도 있었다. 나는 시치미 뚝 떼고 주저 없이 그 사람은 나의 일곱 형제 가운데 막내 동생이라고 대답해 주었다. 더욱더 재미있는 일은 이 딱한 양반이 나의 거짓말을 글자 그대로 믿고 돌아갔다는 사실이었다.

 사실 이 순진한 친구가 나의 이런 뻔뻔스런 거짓말을 믿게 된 데도 아주 근거가 없는 것은 아니었다. 이름에 '창'이라는 돌림자가 들어있을 뿐만 아니라, 이창래 씨와 나 사이에는 누가 보아도 부정할 수 없는 공통점이 몇 가지 있다. 그는 영어로 소설을 쓴다. 나는 영어로 수필을 쓴다. 그는 뉴욕대학교에서 '문예창작법'을 가르치는 교수다. 나도 대학교수로서 그와 비슷한 '고급영작문'이라는 과목을 매 학기 담당하고 있다. 그는 미국에서 명문대학으로 잘 알려진 예일대학 영문과를 졸업하였다. 나도 한국에서는 명문이라는 서울대학에서 영문학을 전공하였다. 그는 영어로 두 개의 소설을 출판하였다. 나의 첫 영문 수필집도 영국 런던 소재의 미네르바 출판사에서 출판되었다. 그는 현재 프린스턴대학에서 문예창작을 가르치고 있다. 나는 중앙대학에서 영문학을 가르친다. 그리고 엄격하게 말해서 이창래 씨도 나와 같이 영어를 모국어로 태어난 사람은 아니다. 그도 나도 후천적으로 영어를 배워서 사용하는 사람이다.

위에서 내가 시도하여 본 이창래 씨와 나 사이의 억지 비교는 한국인으로서 미국에 건너가 후천적으로 습득한 영어라는 언어를 가지고 거둔 성공에 대한 부러움과 찬탄에서 비롯된 것이다. 나처럼 일생 동안 영어와 씨름하고 있는 사람에게 그가 달성한 성공은 박세리 선수가 한국인 여성으로서는 최초로 미국 LPGA(미국 여성 프로골프 대회)에서 우승을 한 것이나, 현재 미국 메이저리그에 진출하여 활약하고 있는 최초의 한국인 야구 선수 박찬호의 성공 이상의 것이다. 이창래 씨야말로 나의 영웅이요, 나의 모델이요, 나의 희망이요, 나의 꿈이다.

꿈일 뿐이다. 슬픈 꿈이다. 내가 그 사람처럼 된다는 것은 어림없는 일이다. 작가로서 그는 이미 내가 죽을 각오로 좇아가 보아도 도저히 도달할 수 없는 먼 거리에 있다. 그는 작가로서 갖추어야만 될 모든 것을 이미 다 갖추었다. 뛰어난 재능, 사회적 인정, 명성, 다투어 책을 내어주겠다는 출판사들, 그리고 수많은 독자들. 이 모든 것을 그는 나이 33세에 이미 달성하였다. 그런데 나는 어떤가? 나이는 이미 60세. 거기다가 아무도 알아주지 않고, 나의 글을 읽어주는 독자도, 책을 내어주겠다는 출판사도 없다. 더군다나 글이 수필이라는 누구나 쓰는 글이니 출판사 하나 구하려면 체면이 말이 아니다. 상도 받은 것이 하나 없다. 그 사람 앞에서 내가 느낄 수 있는 것은 오직 절망뿐이다. 그와 나 사이에는 우연히 발생한 이름의 유사성 이외에는 실제로 아무런 연결고리도 없다.

    그의 이름만 가지고 판단해 보면 이창국이라는 사람이 한국 사람이듯이 그는 분명 한국 사람이다. 그러나 사실을 좀더 자세히 따져보면 내가 미국 사람이 아니듯이 이창래 씨는 분명 한국 사람이 아니다. 그는 한국에서 태어났으나 이민을 가세 살부터 미국에서 자랐다. 그는 그곳에서 유치원에서부터 대학까지 졸업하였으며, 미국인 여자와 결혼하여 살고있는 미국 국적의 소유자이다. 한국 태생이라고 하지만 그는 엄연히 미국 시민이며, 영어는 이미 그의 모국어가 되어 버렸다. 그의 이름을 제외하고 그에 관한 모든 것은 그가 미국 사람임을 웅변적으로 말해주고 있다.

그런데 한 가지 궁금한 것은 그가 어떻게, 그리고 어째서, 그의 한국 이름을 지금까지 고스란히 지니고 있는가 하는 점이다. 우리 한국 사람들에게 이창래란 이름은 아주 흔하고 귀에 익숙하고 부르기 쉬운 토박이 한국 이름이다. 그러나 그곳에서는 분명 쓰기에 불편한 이름이다. 영어로 그의 이름은 쓰기도 어렵고 발음하기도 쉽지 않은 그런 이름이며, 미국 사람들의 귀에는 아무래도 듣기에 어설프고 우습게 들리기조차 할 그런 이름이다. 나의 짧은 미국 체류기간 동안의 경험에 의하면 미국으로 이민을 간 한국 사람들이 새로운 땅에 도착하여 보따리를 풀어놓기가 무섭게 직면해야만 하는 수많은 문화적 충격이나 차이 가운데서 가장 먼저 겪게 되는 것의 하나가 이름과 연관되는 것이다.

우리는 실제로 상대방의 이름을 거의 부르지 않고 일상생활을 영위한다. 그러나 미국 사람들은 처음 만나면 이름부터 물어보거나 자기 이름부터 상대방에게 알려주며, 아침 인사부터 시작해서 모든 인간관계는 이름이 없이는 곤란하다. 이민을 간 한국 사람들로서는 이 이름의 중요성을 새삼 인식하게 되며, 이 과정에서 그들은 자신들의 한국식 이름이 사용하기에 적지 않게 불편하다는 사실을 깨닫게 된다. 그래서 그들은 좋던 싫던 간에 미국식 이름을 하나 선택하여 사용하게 된다. 존 리, 헨리 박, 리쳐드 김, 케빈 임 등과 같이 말이다. 그런데 신기하게도 이창래 씨는 그의 직업이 다른 것도 아니고 필명의 사용이 선호되고 용인되는 작가인데도 불구하고 그의 이름을 그대로 가지고 있다.

이처럼 그가 한번 지어진 그의 한국 이름을 고집하며 왔다는 사실은 언뜻 보기에는 별것도 아닌 사소한 일로 보일지 모르지만 나는 여기에 대단한 중요성을 부여하고자 한다. 더구나 그가 다른 일을 하는 사람이 아니고 바로 작가라는 사실을 감안한다면 이것은 더욱더 중요한 의미를 가지고 부각된다.

재능, 지능, 열성, 노력 등 작가를 포함하여 대저 예술가를 꿈꾸는 모든 사람들에게 공통적으로 요구되는 조건이나 자질들이 여러 개 있을 수 있다. 그런데 이들 가운데 꼭 한 가지 빼놓을 수 없는 필수 불가결한 요소가 하나 있으니 그것이 바로 그 사람 자신이 가지고 있는 자기인식, 즉 정체성이다. 자기 자신에 대한 확고한 심리적 정서적 안정감 내지 자신감이라고 말해도 좋다. 이것은 어떤 직업에 종사하건 관계없이 누구에게나 필요한 요소이긴 하겠지만, 작가를 비롯한 모든 예술가들에게는 더욱더 중요하다. 그런데 사람의 이름이야말로 한 개인의 이 정체성을 지탱하여 주는 가장 기본적인 초석 가운데 하나다.

예술가는 보통사람들보다 자기가 누구인지 어디에서 서 있는지를 더 강력하게, 분명하게, 그리고 깊게 인식하고 있는 사람이다. 이처럼 자신을 좀더 분명하게 인식하기 위해서는 그는 자기가 묘사하거나 표현하고자 하는 대상으로부터 일정한 거리를 유지할 수 있어야만 한다. 결과적으로 모든 진정한 예술가는 아웃사이더요, 비평가요, 관찰자일 수밖에 없다. 그는 이미 형성되어 바위처럼 굳어진 사회의 가치, 여론, 판단의 체계에 쉽게 동화되거나 굴복하거나 해서는 안 된다. 그는 자기가 남들과는 다르다는 사실에 부끄러워하거나 당황하지 않고 오히려 자랑스럽게 느끼는 괴상하다고 하면 괴상하고 특이하다면 특이한 그런 기질이나 성격,. 또는 오기를 타고난 그런 사람이어야만 한다.

이창래 씨 자신이나 그의 부모들은 아마도 한때 그의 이름을 미국식으로 바꾸어 보려는 마음을 먹었을런지도 모른다. 그러나 어찌되었던 간에 그는 그의 한국식 이름을 지금까지 고집스럽게 유지하여 왔으며, 드디어 그는 그 이름을 가지고 세상에 나왔다. 그에게는, 아니면 그의 부모들에게는, 무언가 분명하게 집어 말할 수는 없지만 대세에 쉽게 항복해 버리거나 포기하기를 거부하는 어떤 기질 또는 고집이 숨어 있었음에 틀림없다.

그는 미국이라는 거대한 사회의 막강한 조류에 휩쓸려 흘러가기를 거절하고 그냥 자기 자리에 자기 자신으로 서 있기로 결정한 것이다. 무엇이 그를 그렇게 만들었는지는 본인 자신을 포함하여 아무도 정확하게 진단할 수는 없을 것이다. 다만 그런 것이 있었기에 그는 작가가 될 수 있었다. 만약에 그가 일찌감치 주위의 사람들을 즐겁게 만들어주기 위하여 그의 이름을 미국식으로 바꾸었더라면 그는 그의 능력과 자질을 가지고 그가 원하는 어떤 것도 할 수 있었을 것이다. 그러나 결코 그는 『네이티브 스피커』나 『제스처 인생』과 같이 한국의 역사와 사회, 그리고 한국인의 의식과 깊은 연관성이 있는 소설의 저자는 될 수 없었을 것이다. 이창래 씨의 작가로서의 성공은 무엇보다 먼저 그의 이름 덕분이다. 이름은 잘 지을 필요도 있지만 잘 유지하고 잘 가꾸는 것이 더 어렵고 중요한 일이다.

(1999년 11월)

자살에 대하여

　지난주 우리는 또 한번 저명한 사회 인사의 자살 소식에 접하여 큰 충격을 받았다. 우리나라에서 두 번째로 큰 도시인 부산 시장 안상영 씨가 구치소에서 목을 매어 자살한 것이다. 금년 66세의 안 시장은 그간 뇌물수수 혐의로 수감되어 조사를 받고 있던 중이었다. 안 시장의 자살은 지난 해 있었던 현대그룹 정몽헌 회장의 투신 자살을 목격한 우리에게 있어서는 그 충격의 정도가 조금 덜 한 것은 사실이나 어쨌든 적지 않은 충격임에는 틀림없다.
　정 회장은 투신할 당시 56세로써 우리나라 최대 재벌의 후계자였다. 그는 그의 사무실이 있었던 고층건물의 창문을 열고 투신하였다. 당시 그는 대북사업에 관련된 불법행위에 대하여 사법당국의 조사를 받고있던 중이었으며, 그가 경영하는 회사들은 극심한 자금난을 겪고 있었던 것으로 전해졌다.

　모든 자살이 다 그렇듯이 자살이란 행위가 우리에게 가져오는 심리적 충격의 가장 큰 원인은 예측불허, 즉 갑자기 일어난다는 데 있다. 다시 말해서 아무도 이런 사람들이 스스로 목숨을 끊으리라고는 예측하지 못하였다는 말이다. 어제까지만 해도 이들은 우리 모두의 선망의 대상이었다. 이 두 사람은 모두 우리 사회의 저명인사들로서 막강한 권력과 돈을 가지고 있으며, 머리 좋고, 건강하며, 훌륭한 가정의 가장으로서 많은 부하직원들과 친구들을 거느린 사람이었다. 누가 보아도 부러운 사람들이었다. 최악의 경우 이들이 유죄판결을 받고 감옥에 간다해도 죽을죄를 저지른 것도 아니었고, 기껏해야 몇 년, 아니 몇 달 감옥에서 고생하면 풀려나 자유로운 몸이 될 것이라는 것쯤은 누구나 쉽게 짐작할 수 있는 일이었다. 이보다 훨씬 더 흉악하고 파렴치한 범죄를 저지른 사람들도, 무기수도, 사형수도, 더 가혹한 처지에서도 죽지 않고 살고 있으며, 또 어떻게 해서든지 자신의 생명을 연장하려고 애쓰고 있다.

　자살은 끔찍한 일이긴 하지만 결코 인간사회에서 희귀한 일은 아니다. 오히려 자주 일어나는 일이요, 우리에게 잘 알려진 흔한 일이기도 하다. 정몽헌 씨나 안상영 씨처럼 사회 저명인사들만이 자살하는 것도 아니다. 자살에는 어떤 특정

한 계층이 있는 것도 아니며, 자살을 감행하는 특수한 부류의 사람들이 따로 있는 것도 아니다. 남녀노소의 구별도 없다. 지금 이 시각에도 어느 곳에서는 우리가 모르는 사이 이런 저런 이유로 이런 저런 사람들이 이런 저런 방법으로 스스로 목숨을 끊고 있다. 생활고를 비관한 노동자가 달려오는 전차에 뛰어들어 자살하였다는 뉴스는 흔한 뉴스가 되어버렸다. 어느 고등학교 여학생은 학교성적이 부진하자 학교 옥상에서 뛰어내려 죽었다는 소식도 있었다. 어느 젊은 월급쟁이는 놀음으로 큰 빚을 지고 목을 매 자살하였으며, 어느 남자 대학생은 사랑에 비관한 나머지 강물에 투신 자살하였으며, 심지어 어떤 젊은 여자는 쌍꺼풀 수술이 잘못 된 것을 비관하여 수면제를 과다복용하고 목숨을 끊었다는 소식도 있다. 이들은 분통을 참기 어려워, 고통을 이기지 못해서, 고통에서 해방되기 위하여 명예를 지키기 위하여, 억울함을 널리 알리기 위하여, 자신의 결백함을 증명하기 위하여, 상대방을 놀래주기 위하여 등등 이루다 헤아릴 수 없는 수많은 이유로 자살을 감행한다.

 죽음을 두려워하는 우리들에게 있어서 자살행위는 풀리지 않는 문제요, 수수께끼요, 하나의 퍼즐이다. 특히 자신만만한 의사들에게 있어서는 절망이다. 아무리 고명한 의사라 하더라도 자살 앞에서는 속수무책이다. 우리는 몸에 조금만 이상이 생겨도 의사에게 달려가 도움을 청한다. 어디를 조금 다치거나, 상처가 나거나, 병이 나거나 하면 건강을 되찾기 위하여 없는 돈도 아끼지 않고 쓰며, 어떤 고통도 달게 받으며, 쓴 약도 마다하지 않고 마시며, 고약한 냄새가 나는 약도 삼키고, 때로는 피부를 불로 지지기도 하고, 심지어 우리의 귀한 신체의 일부분을 잘라버리는 고통도 감수한다. 모두가 살기 위함이다. 이처럼 모든 다른 것을 제치고 가장 달콤하고, 귀하고, 귀중한 것이 바로 우리의 목숨이다. 그런데도 불구하고 사람들 가운데는 헌신짝 팽개치듯이 목숨을 쉽게 버리는 사람들도 있으니 말이다.

자살이 비록 끔찍한 일이기는 하지만 자살이 우리가 겪는 정신적 또는 육체적 고통으로부터 벗어날 수 있는 하나의 탈출구라는 사실 또한 부정할 수는 없다. 죽으면 모든 것이 끝이라는 생각에서 나온 필연적인 귀결점이다. 놀라운 것은 우리가 알고 있는 모든 유명한 서양의 철학자들 치고 자살을 잘못 된 생각에서 나온 잘못 된 행위라고 비난한 사람들이 거의 없다는 사실이다. 비난은커녕 오히려 이들은 자살을 인정하고 찬성하고 있으며, 심지어 부추기고 또 그들 스스로 자살을 실행에 옮기기조차 하였다.

그리스의 철학자 소크라테스는 불치의 병에 걸린 사람의 경우에는 자살을 해도 좋다고 자살을 옹호하였으며, 자신도 자신의 정의로움을 보여주기 위하여 태연히 독약을 마시고 목숨을 끊었다. 로마의 철학자 세네카에게 있어서 자살은 자유로 통하는 길이었다. "이 세상에 그 누구도 억지로 살도록 강요할 수 없다."고 그는 말하였다. 그밖에도 향락주의 철학자 에피큐러스와 그의 제자들, 냉소주의 철학자들, 금욕주의 철학자들 모두가 하나같이 열렬한 자살 옹호론자들이었다. "사람이 구태여 감옥의 창살을 두려워 할 이유가 어디에 있겠는가? 탈출구는 언제나 우리 손에 있다. 죽음은 언제나 우리를 맞이할 준비가 되어있다. 저 높은 절벽, 저 뾰죽탑, 저 강물, 저 깊은 낭떠러지, 저 나뭇가지가 보이지 않는가? 고통과 질곡에서 벗어날 수 있는 탈출구가 바로 저기에 있다. 앞아서 종말을 기다리는 것과 스스로 종말을 만들어 내는 것 사이에 관연 무슨 차이가 있을 수 있단 말인가?"

그리스의 철학자로서 플라톤의 제자였던 스페우시푸스는 어느 날 병이 들어 노예의 등에 업혀 의사를 찾아가는 길에서 친구이자 철학자였던 디오게네스를 만났다. 끙끙 죽는 신음 소리를 내는 친구에게 디오게네스는 말했다, "내 앞에서 그렇게 죽는소리 내보아도 나는 그대를 조금도 동정하지 않는다네. 그렇게도 심한 고통을 참고 견디는 이유는 자네가 좀더 살고 싶기 때문이 아니겠는가? 지금 당장이라도 그대가 원하기만 한다면 그 고통에서 벗어날 방도가 있을 터인데도 말이야."

로마의 원로원 의원이었던 코렐리우스 루프스란 사람은 통풍에 걸려 고통이 심해지자 죽기로 결심하고 음식 먹기를 중단하였다. 그의 아내를 비롯한 자녀들, 그의 친구들과 하인들 모두가 눈물을 흘리면서 그의 결심을 돌려보려고 무진 노력하였으나 허사였다. 그는 죽음을 원했고, 마침내 그의 소원대로 그는 죽었다.

이쯤 되면 우리는 다시 한번 위대한 문호 셰익스피어의 『햄릿』 3막 1장에 나오는 그 유명한 독백의 첫머리 구절, "살 것이냐, 죽을 것이냐, 이것이 문제로다."로 돌아가지 않을 수 없다. 다시 말해서 과연 우리는 이 세상의 고통과 비통함을 참으면서라도 사는 것이 더 옳은 일인지, 아니면 스스로 목숨을 끊어 단번에 그런 고통과 비참함으로부터 해방되는 것이 더 현명한 일인지 말이다. 위에서 언급한 철학자들의 말과 행동을 보아서는 자살을 택하는 쪽이 더 고귀하고 용감해 보인다. 이들의 가르침대로라면 진정으로 현명하고 용감한 사람들은 항상 재앙과 재난으로 가득 차 있는 이 험난한 세상에서 주저하지 않고 언제 어느 곳에서나 기꺼이 죽을 수 있어야만 하는 반면, 오직 어리석은 겁쟁이들만이 구차하게 목숨을 유지하려고 발버둥치고 있는 것으로 생각된다.

그렇지만 우리 겁쟁이들로써 크게 다행스러운 일은 이처럼 위대한 철학자들의 자살을 부추기는 달콤한 이론들이 있음에도 불구하고 사람들 대부분은 너나 할 것 없이 늙어서 죽을 때까지 살며, 오히려 자살로써 생을 마감하는 사람들을 크게 동정한다. 우리는 자살행위를 결코 옳다거나 바람직한 일이라고 생각하지 않을 뿐만 아니라, 그렇다고 해서 자살한 사람들을 비난하지도 않는다. 비난할 수도 없다. 다만 동정할 뿐이다. 그 이유는 그들이 자기의 목을 올가미에 스스로 집어넣거나, 창문을 열고 뛰어내리거나, 시퍼런 강물에 몸을 던지기 직전까지 겪어야만 하였던 육체적 심적 고통을 깊이 이해하고 동정하기 때문이다. 오죽하였으면 스스로 목숨을 끊었겠는가 말이다.

한마디로 자살을 감행한 사람들은 보통 사람들이 견디고 참아낼 수 없는 정도의 큰 고통에 시달렸던 중환자들이다. 이들을 덮친 병은 이들로부터 삶의 즐거움을 송두리째 파괴하여버린다. 이들에게는 밝은 태양과 함께 밝아오는 하루의 날처럼 괴롭고, 지겹고, 지루한 것도 없다. 그렇다고 밤이 찾아왔다고 잠을 잘 수가 있는 것도 아니다. 하루 하루가, 아니 한 시간 한시간이, 아니 순간 순간이, 이들에게는 고통이요, 고문이다. 다른 병에는 시간이 지남과 함께 좋아질 것이라는, 나아질 것이라는 희망이 있다. 그러나 이 병에 걸린 사람에게는 희망이 없다. 희망이 있어야 할 자리에 쭈그리고 앉아 있는 것은 절망이란 괴물뿐이다. 살아있으면서 이들은 지옥을 경험한다. 이들이 바로 지옥 그 자체다. 마침내 이들은 이 고통으로부터 벗어나는 길은 죽음뿐이라는 잘못된 결론을 내리고 이내 실행에 들어간다.

그런데 과연 이런 자연에 반하는 죽음이 이들이 그렇게 갈망하는 심신의 평온함을 이들에게 가져다 줄 것인가? 어디에 그런 보장이라도 있는가? 아무도 대답할 수 없다. 죽은 사람은 말이 없으니 말이다. 오직 하느님만이 아신다. 뒤에 살아남은 우리들은 죽은 사람이 남기고 간 육체와 그의 재산이나 물건들은 처분하고, 챙기고, 보살필 수 있다. 그런데 정작 그들에게 그런 엄청난 고통을 안겨준 영혼은 죽은 뒤 어떻게 되는 것인가? 신만이 대답할 수 있는 질문이다. 한 가지 우리가 말할 수 있는 것이 있다면 그것은 이들을 생전에 그처럼 큰 고통 속에 몰아 넣었던 고통과 슬픔은 뒤에 남은 무고한 어린 자녀들의 연약한 가슴 속에, 늙은 부모들과 사랑하는 아내와 친구들의 눈물 속에 엄연히 살아 남아있다는 엄연한 사실이다.

　이 자살의 문제를 앞에 놓고 우리가 할 수 있는 일은 이런 일이 우리에게는 제발 일어나지 않게 하여달라고 신에게 간절히 바라고 기도하는 도리 이외에 다른 방법은 없어 보인다. 다리와 그 밑을 흘러가는 강물 사이에, 잡고 있는 칼과 목 사이에, 절벽과 계곡 사이에, 창문과 길 사이에, 신의 자비심이 깃들어 고통에 시달리는 인간의 그 연약한 몸부림을 막아주기만을 기원할 수 있을 뿐이다. 정몽준 씨가 창문을 열고 뛰어내리기 바로 직전에 갑자기 담배 생각이라도 나서 담배를 한 대 입에 물고 라이터를 찾았더라면, 그리고 안상영 씨가 그의 절박한 심정에서 생긴 계획을 실행에 옮기려는 순간 누군가의 전화 한 통이라도 받고 짧은 통화라도 하였더라면, 이들의 그 거창한 계획은 불발로 끝났을 수도 있었을런지도 모르며, 지금쯤 그들은 우리 겁쟁이들과 한 패가 되어 소주잔을 손에 들고 크게 웃고 즐겁게 떠들고 있을런지도 모를 일이다. 이들에게 일어난 불행이 우리 누구에게는 일어나지 말라는 법은 없다. 아무도 죽음의 유혹에 빠지지 않을 것이라는 보장도 없다. 우리 모두는 그저 만사가 잘 되기만을 바랄 뿐이다. 신의 자비심이 항상 우리 모두에게 내려달라고 간절히 기도할 뿐이다.

(2004년 2월 19일)

축구와 셰익스피어

　우리나라가 일본과 공동으로 개최하게 된 축구의 올림픽이라 할 수 있는 제17회 월드컵 대회를 위한 범국가적인 준비와 선전에도 불구하고 솔직히 말해서 나는 지금까지 별다른 흥미나 관심이 없이 그저 덤덤하게 지내왔다. 그런데 그 월드컵이 — 그 열광과 흥분이 — 갑자기 나를 사로잡게 되었다. 월드컵의 개막을 열흘 앞두고 세계적으로 명성 높은 데이빗 베컴과 마이클 오웬 선수가 포함되어 있다는 영국 대표팀이 도착했기 때문이다.

　나는 이들이 인천 국제공항에 도착하는 모습을 TV를 통하여 뉴스시간에 지켜보면서 지금까지 느껴보지 못한 각별한 친근감과 흥미를 느꼈다. 외국의 유명한 축구팀이 내한한 일은 물론 이번이 처음이 아니다. 그러나 영국 대표팀의 내한은 처음 있는 일이며, 이들은 축구의 종주국을 대표하는 영국 신사답게 검정색 단복에 화이트 셔츠와 넥타이까지 한 정장 차림이었다. 그들은 하나같이 모두 미남으로 보였고, 운동으로 잘 단련된 균형 잡힌 체격, 자신감 넘치는 얼굴 표정과 미소, 그리고 그 멀고먼 나라에서 오랜 비행기 여행을 하고 나서 낯선 나라 낯선 공항에 도착하여 보여주는 그 자유스럽고 여유만만한 모습에 나는 아주 강력한 인상을 받았다.

나는 어째서 별다른 이해관계도 없이 내가 유독 영국 팀에 대하여 이처럼 호의적이면서도 각별한 인상을 받게 되었는가에 대하여 뒤늦게 곰곰이 생각해 보았다. 영국 팀이라고 특별히 다른 점이라도 있는가? 아니다. 영국 팀은 이번 월드컵 예선을 통과한 32개 팀 가운데 하나일 뿐이다. 영국 팀이 강팀이라고는 하지만 "길고 짧은 것은 대보아야만 안다"는 우리 속담처럼, 경기는 해보아야만 한다. 앞으로 영국 팀보다 더 강하다는 팀들이 속속 줄지어 도착할 것이다. 현재 세계에서 축구선수로는 몸값이 제일 비싼 선수로 알려진 지단 선수가 포함된 FIFA 랭킹 1위라는 세계 최강 프랑스 팀도 영국 팀에 이어 한국에 도착하여 우리 팀과 다음 주 연습경기를 치르게 되어 있다. 그렇다면 내가 이처럼 영국 팀에게만 각별한 애정과 흥미와 호의를 가질 어떤 이유라도 있단 말인가? 따지고 보면 없다. 그런데 어째서?

내가 이처럼 영국 팀에 대하여 품게 된 각별한 정서적 반응의 근거와 이유는 시간이 좀 지나면서 아침해가 떠오름과 동시에 짙게 낀 안개가 걷히듯이 서서히 명확해지기 시작하였다. 우선 이들이 영어와 영문학의 모국이며, 축구의 종주국인 영국에서 왔다는 사실이다. 직업이 대학에서 영문학을 가르치고 있는 사람으로써, 그리고 지금까지 이 지구상에 있는 수많은 종류의 외국어 가운데서 영어라는 외국어를 배우고 공부하고 가르치는데 온 정성을 쏟아오고 있는 나로써, 그리고 어린 소년 시절부터 지금까지 축구를 다른 운동 다 제치고 가장 열심히 했고, 가장 잘 알고, 그리고 가장 좋아하는 사람으로써 다른 나라가 아니고 바로 영국에서 온 이 특별한 손님들에게 어찌 내가 덤덤하고, 중립적이고, 뜨뜻미지근한 반응을 나타낼 수 있단 말인가. 이 지구상에 영어의 모국 영국이라는 나라가 존재하지 않았더라면 나는 지금의 내가 아닌 완전히 다른 사람이 되었을 것이며, 나의 삶도 전혀 다른 방향으로 진행되었을 것이다.

 영국이 축구의 종주국이라는 말은 결코 축구라는 스포츠가 영국에서 시작되었다는 의미는 아니다. 영국에서 시작되었을 수도 있고 아닐 수도 있다. 축구는 대단히 그 기원이 오래된 원시적인 스포츠 가운데 하나이다. 그것은 세계 어느 곳에서도 시작될 수 있는 운동이다. 그것이 길거리에서 굴러다니는 조약돌이거나 빈 깡통이거나를 막론하고 우리 인간은 본능적으로 무엇인가를 발로 차기를 좋아한다. 손으로 하는 운동과는 또 다른 재미가 있다.

　1863년 영국에서 세계 최초로 FA, 즉 축구협회라는 것이 정식으로 만들어졌고, 지역이나 직장을 대표하는 클럽들간에 정기적인 경기가 시작되었고, 현대 축구에 적용되는 경기규칙이 제정되기 훨씬 전부터 축구는 약간씩 서로 다른 모습을 하고 있었겠지마는 그 원형은 — 즉 손이 아니고 발로 둥근 것을 차는 놀이는 — 전 세계 어느 곳에서도 존재하였음에 틀림없다. 축구는 우리 인간의 본성과도 깊은 연관성이 있는 스포츠다.

　참으로 축구는 많은 사람들의 사랑을 받고 세계 방방곡곡으로 널리 멀리 퍼져나갈 모든 요소를 가지고 있다. 우선 경기규칙이 간단하고 지극히 상식적이다. 축구는 또 언제 어느 곳에서도 그저 빈터만 있으면 할 수 있다. 심지어 좁은 골목길 위에서도 할 수 있다. 축구를 하는데 대단한 훈련이나 별다른 기술을 필요로 하지도 않는다. 그저 발로 차고 달리면 된다. 또 비싼 장비나 도구가 요구되지 않는 돈이 안 드는 운동이다. 필요한 것은 튼튼한 다리와 심장, 그리고 뛰어 놀고 싶어하는 열정뿐이다.

　옛날, 그러니까 내가 시골 초등학교 학생이었던 그리 멀지 않았던 옛날, 그리고 우리 나라가 6.25라는 참혹한 전쟁으로 폐허가 되었고, 우리 모두가 참으로 가난하였을 때, 전국을 두루 찾아보아도 잔디로 덮힌 운동장, 소위 론그라운드라는 것은 단 하나도 없었던 때, 프로 축구라는 말도 팀도 없었을 때, 월드컵이라는 것이 있는지 없는지도 몰랐을 때, 그때도 우리는 모두 축구를 좋아했고 또 잘했다. 학교마다 동네마다 축구팀이 있었고, 축구시합이 있었고, 나름대로 이름난 선수들도 있었다. 우리는 학교가 끝나면 딱딱한 맨땅 위에서, 허기진 배를 움켜쥐어 가면서도 공을 찼다. 현재 우리가 알고있는 가죽으로 포장된 축구공은 선수들이나 차 볼 수 있는 하나의 사치품이었다. 우리는 적당한 공이 없을 때는 공 비슷한 둥근 것이면 무엇이고 찼다. 심지어 새끼를 공처럼 둘둘 말아서도 찼고, 돼지 오줌통에 바람을 넣어서도 찼다. 신발이 귀하였던 당시 우리는 맨발로도 공을 찼다. 발에서 피가 나는 때도 자주 있었지만 그런 것이 문제가 아니었다. 축구는 당시 우리가 즐길 수 있는 유일한 스포츠요 놀이였다. 따지고 보면 한때 우리는 모두가 축구선수였다.

   나는 내가 축구선수 시절이었던 젊은 날을 되돌아보며 애틋한 회고에 잠겨본다. 축구선수라고는 하지만 나는 그저 평범한 선수였다. 그러나 선수는 선수였다. 초등학교 때부터 시작해서 중·고등학교, 대학, 군대복무, 직장생활을 거치는 동안 언제 어디에서나 축구시합이 있게 되면 사람들은 나를 필요로 하였다. 나는 나의 심장과 다리가 축구가 요구하는 빠르고 격렬한 달리기와 몸싸움을 견디어낼 수 없게 된 최근까지 축구를 계속하였다. 몇 년 전 이제는 영영 축구하기를 그만두기로 결정하는 날 나는 혼자서 눈물을 흘렸다. 축구하기에 재미를 붙였을 한참일 때는 내가 늙어 더 이상 축구를 할 수 없게 된다면 차라리 죽는 것이 낫지 무슨 재미로 이 세상을 살아갈 것인가 하고 생각한 때도 있었다. 그러나 나는 지금 이처럼 멀쩡하게 살아서 TV 앞에 앉아 우리나라에서 열리고 있는 17회 월드컵을 꿈을 꾸듯 안방에서 보고 있다. 늙어 가는 데도 축복은 있다. 그 한 가지가 바로 체념이다.

한때 이 나라에서 제일가는 축구선수가 되어보겠다는 화려한 꿈을 꾸었던 나는 여러 가지 이유로 그 꿈을 이루는데는 실패하였다. 나는 대신 영문학 교수가 되었다. 나는 나의 운명을 탓하지 않는다. 윌리엄 셰익스피어를 비롯하여 밀턴, 워즈워드, 테니슨과 같은 천재 시인들을 만났기 때문이다. 이들이 영어로 보여주고 표현해주는 세계는 축구의 천재 펠레, 베켄바우어, 마라도나와 같은 뛰어난 선수들이 발로 보여주는 세계를 구경하는 것만큼이나, 아니 그 이상으로 또 다른 감동과 스릴이 있다. 천재란 그들이 어떤 재능을 가지고 어떤 모습으로 우리 앞에 나타나건 간에 우리 보통사람들이 보고, 즐기고, 감탄하라고 하느님이 보내준 선물이다.

문학의 천재 셰익스피어는 그의 작품 속에서 우리 인간이 가지고 있는 모든 것, 우리 인간이 알고 있는 모든 것, 그리고 우리 인간이 생각해 낼 수 있는 모든 것을 언어로 표현하고 있다. 나는 월드컵 대회가 열려 온 나라, 아니 온 세계가 축구의 열풍에 휩싸여 있는 이때, 혹시나 셰익스피어가 축구선수까지야 아니었다 하더라도 나처럼 축구를 즐겨하여 그의 작품 속에 어떤 흔적이라도 남기지 않았나 하는 엉뚱한 질문을 혼자 하여보고 그의 작품들을 다시 한번 자세히 훑어보았다.

있었다. 그의 방대한 작품을 통하여 셰익스피어는 단 한 번 축구에 대한 언급을 하고 있다는 사실을 발견하고 나는 내가 월드컵에 선수로 나가 결정적인 순간에 골이라도 하나 넣은 듯이 흥분하고 기고만장하였다. 『실수연발』(The Comedy of Errors)이라는 희극 2막 1장에는 성난 두 주인 어른들(이들은 쌍둥이 형제들로써 자신들이 쌍둥이라는 사실을 모르고 있음) 사이에 심부름을 하면서 애꿎게 얻어맞는 드로미오라는 하인이 자신의 신세를 다음과 같이 불평하는 대목이 있다.

"Am I so round with you as you with me
That like a football you do spurn me thus?
You spurn me hence, and he will spurn me hither.
If I last in this service, you must case me in leather."

(아니 주인어른은 소인을 무슨 공이라도 되는지 아십니까?
이렇게 마구 발로 차니 말입니다.
당신이 나를 발길질하여 그곳으로 보내면
그 사람은 다시 발로 차 이곳으로 보내고 하니,

이놈 이 일을 오래하려면 가죽옷이라도 입어야겠습니다.)

위의 대사만 가지고 판단해 보아도 확실한 것은 셰익스피어가 이 작품을 발표하였던 1594년 이전에 이미 축구라는 것이 영국에 있었다는 것이며, 지금 우리가 알고 있는 가죽으로 씌운 축구공이 존재하고 있었다는 사실이다. 셰익스피어가 나처럼 한때 직접 축구를 했는지 하지 않았는지는 확실하지 않지만, 그도 나처럼 한때 축구를 했음이 틀림없다고 믿고 싶다. 왜냐하면 우리는 한때 누구나 나름대로 축구선수이니까.

(2002년 5월)

노래의 날개

큰 깨달음

인간과 개

어떤 살인자를 위한 변호

노래의 날개

　지난 여름 시골 고향에서 열린 초등학교 동창회 모임에는 예년과 다름없이 약 50여 명의 남녀 회원들이 참석하였다. 경치 좋고 물 좋은 곳을 골라 여름에 한 번 농번기를 피하여 열리는 이 행사가 이번에는 뜻깊게도 졸업 후 처음으로 모교에서 열렸다. 나도 그랬지만 그곳에 모인 대부분의 친구들은 이미 할아버지와 할머니가 되어 있었다. 내가 사십 년만에 처음 찾아간 학교는 물론 옛날의 정들었던 그 학교는 아니었다. 우선 모든 것들이 축소되어 나의 눈에 들어왔다. 새로 들어서고 지어진 현대식 학교 건물과 시설들은 그간의 우리 사회의 변화를 말해주고 있었다. 학교는 방학 중이라 텅 비어 있었다. 행사를 주관하는 동창회 임원들은 학교 뒤뜰에 서 있는 오래된 느티나무 그늘 아래에 임시로 식탁과 의자를 마련하여 점심식사를 겸한 음식을 마련해 놓고 있었다. 그처럼 우람해 보였던 느티나무도 세월과 함께 늙어 초라하고 작아져 보였지만 그래도 이 느티나무가 이처럼 아직까지 무사히 제자리를 지키고 있다는 사실은 우리 모두에게 커다란 위안이었다. 우리는 이 고목 속에서 현재 우리 자신의 모습을 보고 있었다.

나는 우연히도 지금까지 동창회 모임에 얼굴을 내민 적이 없어 보이는 친구와 참으로 오랜만에 마주 앉게 되었다. 비록 서로 만나지 못한 채 시간이 많이 지났으나 나는 그의 얼굴을 보는 순간 즉각 이 친구를 기억해 낼 수 있었다. 그와 나는 초등학교 육 년과 중학교 삼 년을 함께 학교를 다니었으며, 여러 번 같은 반을 했다. 장난이 심하였던 그는 짓궂은 장난으로 담임 선생으로부터 매도 많이 맞았다. 중학교를 졸업하고 나는 몇몇 운이 좋은 학생들과 함께 고향을 떠나 서울로 진학을 하였으나, 그는 고향에 남은 대다수의 다른 친구들처럼 농사를 지으면서 지금까지 살아왔노라고 나에게 담담하게 말하였다. 따지고 보니 그와 나는 중학교를 졸업한 후 약 40년 후에 처음 다시 만난 것이다.

불같이 뜨거운 태양 아래서 거친 흙과 싸우면서 힘든 육체적인 일을 해온 그의 외모는 사무실에서 넥타이 매고 살아온 나에 비하여 훨씬 더 늙어 보였으나 혈기만은 옛날이나 다름없이 왕성하였다. 따라주는 소주 몇 잔에 얼큰해지자 그는 지난날 나와 함께 보낸 학교시절을 벅찬 감정이 섞인 큰 목소리로 이야기하기 시작하였다. 나는 이미 까맣게 잊어버린 사소한 사건들을 그는 아주 생생하게 기억하고 있었으며, 같은 테이블에 앉은 다른 친구들도 모두 이 친구의 무용담을 회상 속에서 재미있게 경청하였다.

그런데 지금까지 신바람 나게 자신의 학교시절의 무용담을 — 주로 여학생들을 골려준 이야기와 담임 선생을 골탕 먹인 일들을 — 신나게 떠들어대던 그가 갑자기 하던 이야기를 그치더니, 나에게 밑도 끝도 없이 "야, 너 '아 목동아' 한번 다시 불러 봐" 하고 명령하듯 말하는 것이었다. 이런 자리에서 술기운에 흥이 난 사람이 누가 시키지 않아도 스스로 노래를 부르거나, 다른 사람에게 노래를 강요하는 일은 우리에게는 흔히 있을 수 있는 일이다. 본래 우리가 노래 부르기를 특별히 좋아하는 사람들이 아닌가? 내가 놀란 것은 이 친구의 입에서 나온 지정곡이 다른 것이 아니고 "아 목동아"라는 사실이었다. 나만이 아니었다. 지금까지 자신들의 추억 속에 묻혀서 이 친구의 이야기를 듣고 있던 주위의 친구들도 놀랐다. 이런 자리에서 "눈물 젖은 두만강"이라던가 "울고 넘는 박달재"라면 아무도 놀랠 사람은 없었다.

물론 나는 이 노래를 알고 있었다. 그러나 이 노래를 불러 본 지는 퍽 오래되었기 때문에 이 친구의 입에서 이 노래의 제목이 언급되는 순간까지 이 노래의 존재를 까마득하게 잊고 있었다.

 들에서 일생 동안 거친 일만 해 왔고, 상스럽고 무례한 말을 거침없이 해대는 이 친구의 입에서 어떻게 "아 목동아"란 누구의 말처럼 "수준 있는" 노래의 제목이, 더군다나 외국 노래의 제목이 튀어나올 수 있단 말인가? 그런데 나는 곧 이 친구의 요구가 아주 진지하다는 것을 알았다. 그는 내가 이 노래를 한번 다시 부르는 것을 듣고 싶다는 것이었다. 그는 갑자기 낮아진 목소리와 진지한 표정으로 내가 옛날에 자주 선생님들이 시키는 대로 교실에서 학생들 앞에 나와 그 노래를 불렀던 것을 기억하고 있다고 말했다. 사실이었다. 그런 일은 나의 초등학교 시절과 중학교 시절을 통하여 가끔 있었다.

 돌이켜 보건대 나는 이 노래를 처음 어떻게 배우게 되었는지 기억이 나지 않는다. 이 노래는 내가 학교에 채 들어가기도 전에 부르게 된 몇몇의 서양 노래 가운데 하나였다. 나보다 먼저 학교에 들어간 나의 누나가 먼저 이 노래를 어디서 배워 가지고 와서는 집에서 불렀다. 누나는 이 노래가 영국의 민요라고 말했다. 영국이 어디 붙어 있는지, 어떤 나라인지도 몰랐던 나는 나도 모르게 이 노래를 따라 불렀고, 곧 혼자서도 자주 부르게 되었다. 누가 처음으로 우리나라에 이 노래를 들여왔는지, 언제 들여왔는지, 누가 이 노래의 우리 말 가사를 붙였는지는 지금도 나는 모른다. 내가 학교에 들어갈 때쯤해서 이 노래는 "산타 루치아"나 "켄터키 옛집"과 더불어 내가 가장 좋아하였으며 또 잘 부르는 서양 노래 가운데 하나가 되어 있었다. 비록 어린 나이였지만 나는 이런 이국에서 온 노래들의 곡조와 우리말 가사가 나의 마음 속에 일으키는 그 멀고 낯선 나라의 이국적인 분위기를 좋아하였다.

따지고 보면 이 "아 목동아" 뿐만 아니고 그 후 지금까지 살아오면서 내가 즐겨 부르고 있는 친숙한 많은 서양 노래들이 최초로 언제 어떤 경로로 나에게는 물론, 우리나라에 들어오게 되었는지 따지고 보면 참으로 신기한 일이다. 이 노래들의 대부분은 내가 이 세상에 태어나기 전에 이미 이 땅에 상륙하였음이 틀림없다. 그 먼 나라의 노래가 어떻게 최초로 이 반도에까지 찾아와 우리의 가슴 한 구석에 이렇게 끈질기게 살고 있다는 말인가? 이들 노래에는 자유롭게 세상을 날아다닐 수 있는 날개라도 달려있는 것이 아닐까? 이들이 이 땅에 처음으로 도착하였을 때는 텔레비전은 물론 라디오도 거의 없었던 시절이었으며, 외국여행이란 것이 지금처럼 누구나 할 수 있는 것이 아니었고, 마르코 폴로와 같이 보통사람이 아닌 특별한 사람에게나 가능한 시기였다. 노래에는, 좋은 노래에는, 분명 날개가 달려 있나보다.

나는 친구의 요청을 거절할 수 없었다. 거절할 수 없었다기보다는 오히려 나 자신 오랫동안 불러보지 못한 이 노래를 한번 불러보고도 싶었다. 두어 잔 마신 소주 기운 속에 나는 목소리를 가다듬어 이 노래를 부르기 시작하였다. 놀라운 일은 나에게 이 노래를 요청한 바로 그 친구도 이 노래를 함께 부르기 시작하였다는 사실이었다. 우리 두 사람의 노래가 공중에 울려 퍼지기 시작하자 우리 테이블에 있던 친구들도 누가 시킨 일도 아닌데 모두 함께 부르기 시작하였다. 이어 지금까지 다른 테이블에서 먹고 떠드는 일에 정신이 없어 보였던 할머니 동창생들을 포함하여 다른 사람들도 모두 하던 일을 중지하고는 "어, 어디서 이런 고상한 노래가 들려오지?" 의아해 하면서 즉시 우리의 즉흥적인 합창에 동참하였다. 우리는 모두 이 낯설면서도 낯익은, 오래된 노래이면서도 새로운, 이 노래의 갑작스런 기습에 놀랐다. 동시에 우리는 모두 이 노래를 처음 불렀거나, 처음으로 접하였던 옛날로 자신들도 모르게 돌아가 있었다.

아 목동들의 피리소리들은
산골짝마다 울려나오고
여름은 가고 꽃은 떨어지니
너도 가고 또 나도 가야지,
저 목장에는 여름철이 오고
산골짝마다 눈이 덮혀도
나 항상 오래 여기 살리라
아 목동아, 아 목동아,
내 사랑아.

이 노래의 가장 높이 올라가는 부분인 "나 항상 오래 여기 살리라"에 이르러서는 우리 모두의 목소리와 심장은 터질 듯 하였다. 우리는 모두 아름다우면서도 슬픈 감정에 빠졌다.

대단한 합창이었다. 새로운 경험이었다. 이 노래가 이처럼 우리 모두에게 사랑을 받고 있었으리라고는 꿈에도 상상하지 못하였으며, 더군다나 오랜 시간이 흐른 지금에 와서도 그 곡조와 가사를 모두 잊지 않고 있다는 사실이 도저히 믿어지지 않았다. 어린 시절 처음으로 접한 아름다운 예술적 경험의 강력한 힘 때문일 것이다.

내가 기억을 더듬어 두 번째 절을 부르기 시작했을 때는 대부분의 친구들은 가사를 기억할 수 없었기 때문에 합창에서 떨어져 나갔다. 그러나 조용한 가운데 계속되는 노래를 마음 속으로 따라 불렀다.

그 고운 꽃은 떨어져서 죽고
나 또한 죽어 땅에 묻히면
나 자는 곳을 돌아보아 주며
사랑한다고 불러주어요
네 고운 목소리를 들으면
내 묻힌 무덤 따뜻하리라
또 네가 나를 사랑한다면
평화한 잠을 내가 오래 자리라.

노래는 끝났다. 우리는 모두 스스로 박수를 쳤으며 기뻐했다. 그리고는 이내 순간적으로 모두 알 수 없는 슬픔 속에 빠졌다. 참으로 오랜만에 함께 불러본 이 노래는 우리의 가슴 깊숙이 숨겨져 녹슬어 있던 심금을 건드렸음에 틀림없었다. 우리는 모두 스스로 의아해하고 있었다. 어렸을 때 이런 저런 이유로 또는 어떤 계제에 한두 번 들었거나 불러본 이 이국의 노래가 이처럼 우리의 기억에 선명하게 새겨져 있었으며, 강력하고 끈질긴 힘이 있는 줄은 참으로 몰랐다.

  노래 속에 숨겨져 있는 고향을 떠난 애인처럼 나와 몇몇의 친구들은 오래 전에 막연한 희망을 품고 미련 없이 고향을 떠났다. 그리고 나에게 노래를 요청한 나의 친구와 비슷한 처지의 대부분의 친구들은 고향에 머물러 지금까지 살아왔다. 그리고 긴 세월이 흘렀다. 그동안 우리는 모두 늙었고, 그 가운데 몇몇은 이미 죽어 고향의 공동묘지에 묻혔다. 우리는 모두 잃어버린 어린 시절과 젊었던 날을 회고하면서, 우리 모두의 공통적인 운명을 생각하면서 소리 없이 울고 있었다. 나에게 노래를 요청한 나의 친구는 어느새 잠이 들었는지 식탁에 두 손을 얹어놓고 그 위에 얼굴을 파묻고 있었다.

(2001년 8월 15일)

큰 깨달음

 "이제부터 나는 영어회화 잘하려고 구태여 애쓰거나 발버둥치지 않아도 된다."

 서울에 있는 한 대학에서 영어와 영문학을 가르치고 있는 나는 최근에 와서 직업과 관련하여 위에 적은 바와 같이 작지만 대단히 의미심장한 깨달음에 도달하였다. 힘들고 오랜 고행 끝에 도달한 석가모니나 공자와 같은 성현들의 큰 깨달음에야 어찌 감히 비교하겠느냐마는 대학교수 생활 20년이 훨씬 넘어 오늘에 이르러, 영어공부 시작한 지 40여 년이 지나 거의 50년이 된 오늘에 와서 비로소 깨닫게 된 진실이니 누가 뭐라 해도 나 개인에게 있어서는 대단한 것이 아닐 수 없다. 큰 깨달음이다. 대오각성이다.

 영어가 직업이기는 하지만 가만히 따져보니 지난 몇 달

간, 아니, 지난 몇 년 간, 나는 누구와 영어 한마디 나눈 적이 없이 살아왔으며 그렇다고 나의 신상에 무슨 일이 일어났거나 어떤 일이 잘못 되지도 않았다. 밥도 잘 먹었고 잠도 잘 잤다. 그리고 앞으로의 전망 또한 매우 밝다. 다시 말해서 우리 한국사람들 모두가 너나 할 것 없이 영어를 다 잘하게끔 되어 있는 장래에도 내가 영어로 누구와 말할 기회나 의무는 오히려 지금보다 더 줄어들 것이며, 머지않아 그런 의무나 부담에서 완전히 해방될 것이 분명하다.

  마치 한국 사람 모두가 영어를 해야만 하고 그것도 아주 유창하게 잘 할 줄 알아야만 되는 것과 같은 절박한 분위기와 현실 앞에서 이 땅의 영어교육에 책임을 져야만 할 위치에 있는 사람인 내가 이와 같은 무식하고 무책임한 발언을 한 근거는 위에서 밝힌 바와 같이 지난 몇 년 동안 아무도 나에게 영어를 말하도록 요구하거나 요청하지도 않았으며, 아무도 나의 영어를 필요로 하지도 않았다는 사실에서 찾을 수 있다. 다시 말해서 배운 영어를 써먹을 데가 없었다는 사실이다. 요즈음 주변에 있는 한국 사람들은 물론, 여기저기서 눈에 띄는 그 수많은 외국인들도 나에게 영어를 말할 기회를 주지 않는다. 일생 영어를 가지고 씨름하면서 살아온 나는 한편으로는 영어를 말하는데 필연적으로 따르는 공포심과 긴장감에서 해방되었다는 안도감과 함께, 또 한편으로 나는 이제 아무런 소용이 없는 쓸모없는 고물단지가 되어버렸구나 하는 서운한 마음도 든다.

　주위에 영어로 외국인과 감히 말을 할 수 있는 사람이 별로 없었고, 이 땅에 외국인이란 오직 미국 사람들밖에는 없었던 삼사십 년 전, 즉 내가 이삼십 대의 청년이었을 때만 해도 사정은 아주 달랐었다. 나는 외국인을 보기만 하면(보나마나 미국인이었다) 두근거리는 가슴을 애써 진정시키면서 무조건 그 사람에게 다가가 말을 걸었다. 그간 공부한 영어를 현장실습을 통하여 연습해보고자 하는 목적에서였다. 지금도 그렇지만 그 당시 나의 영어 실력은 지금보다 훨씬 더 유치한 상태에 있었기 때문에 영어로 본고장 사람에게 말을 건다는 사실은 가슴 떨리고 피를 흥분시키기에 충분한 하나의 생소한 경험이요, 커다란 도전이요, 위험한 모험이었다. 그래도 끙끙거리면서 이 처음 보는 미국 사람에게 말을 거는 데는 세상 사람들에게 나는 이처럼 영어를 잘하는 사람이요 하고 내보이고 싶어하는 허영심과 그에 못지 않게 영어를 여봐란 듯이 잘해보겠다는 남다른 정열이 나에게 있었기 때문이었다. 참으로 다행스런 것은 당시 내가 말을 붙인 미국 사람들은 친절하게도 내가 바라고 기대한 대로 알맞은 반응을 보여주었다. 내가 이처럼 미국 사람과 자연스럽게 태연한 척 하며(속은 타고 있었지만) 이야기를 나누는 모습을 흘끔흘끔 바라보는 주변 사람들의 시선을 통하여 나는 이들이 나에게 보여주는 존경심과 부러움을 감지할 수 있었으며 이때마다 나의 가슴은 말할 수 없는 자만심으로 부풀어 올랐다.

그런데 이제는 사정이 달라졌다. 세상이 변한 것이다. 이제는 사람들이 외국인에 대하여 별로 흥미를 보이지 않을 뿐더러 영어를 말하는 한국 사람이 있어도 별로 관심을 가지고 보아주지 않는다. 그 이유는 우선 주변에 눈에 띄는 외국인들이 너무 많고 또 이제는 영어를 잘하는 한국 사람들도 어딜 가나 많이 있기 때문이다. 영어와 외국인이 이제 이 땅에서는 과거의 영어와 외국인이 아니다. 영어도 외국인도 이제 이 땅에서는 새로울 것도 없고 사람들의 시선도 끌지도 못하는 것 같다.

그리고 예전과 달리 크게 조심해야 할 일이 있다. 외국인이라고 이제는 옛날처럼 모두가 영어가 모국어인 미국 사람이 아니라는 사실. 이제는 과거에 내가 그랬듯이 외국인만 보면 미국 사람으로 알고 영어로 말을 걸었다가는 크게 낭패를 보기 일쑤다. 비록 얼굴이 미국 사람같이 생겼지만 이들 가운데는 영어가 한국 사람에게처럼 똑같이 낯설고 말하기 힘든 외국어인 독일 사람, 불란서 사람, 이탈리아 사람, 러시아 사람도 있다. 이제 우리는 눈에 띄는 외국 사람들이 모두 영어를 쓰리라고 기대해서도 안 되며, 이들에게 영어로 말을 걸어 곤경에 빠뜨려서도 안 된다.

더욱더 난처한 일은 우리말을 유창하게 잘하는 외국인들이 (특히 미국 사람들이) 의외로 많아졌다는 사실이다. 영어가 모국어이면서도 내가 영어로 말을 걸었을 때 유창한 우리말로 대답을 해서 나를 창피하고 난처하게 만드는 경우도 요즈음에는 자주 있다. 이런 경우 나는 이들 앞에서 순간적으로 어찌할 바를 몰라 당황한다. 이왕 어렵게 영어로 말을 시작하였으니 계속 영어로 말할 것인가? 아니면 일찌감치 편안하고 쉬운 우리말로 후퇴할 것인가? 어떤 때는 순전히 오기로 나는 계속 영어로 말하기를 고집하여 상대방이 우리말을 집어치우고 영어로 말하게 하는데 성공한다. 또 어떤 때는 반대로 상대방의 한국어 실력에 나도 모르게 압도되어 어렵게 시작한 영어를 포기하고 편안한 우리말로 퇴각하는 경우도 있다.

어떤 경우이던 간에 이런 일이 있은 뒤에는 입맛이 개운치 않다. 나는 꼭 바보가 된 느낌이고 이어 심각한 자기반성에 빠지게 된다. 저 사람은 언제 우리말을 배워 저처럼 유창하게 되었나? 그런데 나의 영어는 왜 언제나 이 모양인가? 이런 추세로 나간다면 머지않은 장래에 모든 외국인들이 오히려 우리말을 자기네 말처럼 유창하게 하게 되어 나와 같이 항상 잘하지도 못하는 영어를 가지고 쩔쩔매는 수고를 할 필요가 전혀 없는 날이 오는 것이 아닐까?

그런 날은 이미 와 있다. 한국에서 뿐만 아니고 지구 곳곳 어디에 가도(영어의 본 고장인 영국과 미국을 포함하여) 이제 한국말만 가지고도 주머니에 돈만 있으면 잘 먹고 잘 살 수 있다. 나는 이 사실을 최근에 다녀온 유럽 관광여행에서 확인하였다. 난생처음 유럽 관광여행을 떠나기 전 나는 이번에야 말로 나의 영어실력을 항상 의심을 품고 있는 나의 아내 앞에서 유감 없이 발휘할 수 있는 절호의 기회라고 생각하였다. 지금까지 내가 두툼한 영어로 된 원서는 끼고 다니는 것은 보았어도 한 번도 내가 외국인과 만나 번듯이 영어로 이야기하는 것을 본 적이 없는 나의 아내는 말은 하지 않았지만 나의 영어실력을 은근히 의심하고 있다는 사실을 나는 잘 알고 있었다. 나의 아내는 20여 명으로 구성된 관광단 가운데 남편인 내가 유일한 영어교수라는 사실을 은근히 뽐내면서 동시에 크게 안심하는 눈치였다. 그러나 이 사실은 나에게는 하나의 부담이요 걱정거리기도 하였다.

그러나 이와 같은 아내의 안도나 뽐냄도, 나의 부담과 걱정도, 곧 아무런 근거가 없는 잘못 된 것이었음이 드러났다. 내가 영어를 배우기 시작하고 가르치기 시작하였을 때부터 지금까지 영어는 만국공통어로서 세계 어디를 가도 영어면 다 통한다고 나는 들어왔으며 또 학생들에게도 그렇게 가르쳤다. 그런데 놀랍게도 또 크게 실망스럽게도 그것이 아니었다. 불란서에 가니 사람들은 불어만 썼고, 독일에서는 독일어지 영어는 통하지 않았다. 로마에서는 이탈리아 말이어야 통하였고, 스페인에서는 스페인 말이었지 영어가 아니었다. 어딜 가나 사람들은 자기나라 말을 사용하였고 내가 영어를 하는지 못하는지에 대하여서는 아랑곳하지 않았다. 이런 상황에서 나의 사려 깊은 망설임과 침묵을 최대한 이용하여 영어로 용감하게 떠들어대어 영어를 모르는 아내들로부터 감탄과 존경을 한몸에 받고 있는 사람들은 영어 전공자인 내가 아니고 영어와는 관계가 없는 직업을 가진 비전공인들이었다. 결과적으로 평소 나의 영어실력을 의심하여온 아내의 의구심은 더욱더 심화되어 불신의 골은 이제 회복할 수 없을 정도로 더욱 깊어져 버렸다.

이 해외여행에서 나로 하여금 입을 딱 벌리고 다물지 못하게 한 것은 이와 같은 영어의 불통이나 불필요성 내지 무용론이 아니었다. 그것은 오히려 우리말의 광범위한 사용이었다. 엄청나게 불어나는 한국 관광객들, 이민들, 그리고 해외 거주자들의 숫자와 더불어 그리고 이들이 뿌리는 적지 않은 돈의 액수 덕분에 이제 유럽 사람들도 한국 고객들을 결코 소홀히 대할 수 없게 되었으며, 동시에 한국어도 그에 상응한 대접을 받고 있었다. 스위스 알프스 산의 융프라우 봉우리까지 올라가는 궤도열차에서는 영어, 독어, 불어, 중국어, 일본어와 함께 한국어 안내방송도 나오고 있었다. 바티칸 궁전 내에 있는 미술관에서 나는 한국어로 번역된 소장 미술품 도록을 살 수 있었다. 얼마 전까지만 해도 있을 수 없는 일이었다.

한국인들이 경영하는 식당에서는 물론, 유럽의 크고 화려한 백화점에는 으레 현지에 살고있는 한국 사람을 고용하고 있었다. 런던 중심부에 위치한 '바바리' 본점과 파리 한가운데 위치한 '랑콤' 화장품 상점 밖에서 남편들이 지루하게 기다리면서 시시한 이야기로 시간을 보내고 있는 동안, 나의 아내를 포함한 아낙네들은 신나게 쇼핑을 하고는 비싼 물건으로 가득 찬 쇼핑백들을 한아름씩 안고는 의기양양하게 걸어나왔다. 이들은 이구동성으로 서울에서보다 더 편안하고 친절한 서비스를 받았다고 말하면서 즐거워하였다.

요사이처럼 우리나라의 젊은 부모들과 그들의 자녀들, 심지어 갓난아기들에게까지 파고든 엄청난 영어교육열, 무서운 속도와 강도로 몰아치고 있는 영어라는 이름의 열풍을 감안하여 볼 때, 조만간 한국 사람들은 거의 모두 유창하게 영어회화를 하게 될 것이 분명하다.

그리고 나날이 발전하고 성장하는 우리나라의 경제력과 해외무역 규모, 동시에 엄청난 숫자로 증가하는 해외 여행자들, 관광객들, 해외주재 동포들, 사업가들, 이민들, 주재원들은 필연적으로 한국어의 해외 유통과 보급을 촉진할 것이다. 이 두 경우 가운데 어떤 경우가 되었든 분명한 것은 내가 영어회화를 할 기회와 필요성은 점점 줄어들고 축소되어 궁극적으로는 완전히 사라질 것이다. 아니, 내가 이 글의 처음에서 말한 바와 같이 이미 사라졌다.

그렇다고 나는 슬퍼하지 않는다. 이제는 오히려 그 뒤에 남은 것에서 차라리 더 큰 힘과 위안을 찾으련다. 지금까지 언제 어디에서나 나를 은근히 짓눌러온 유창한 영어회화라는 무거운 짐은 미소를 지으며 슬며시 젊은 세대의 어깨 위에 밀어 얹어놓고, 나는 그동안 거기에 쏟아야만 했던 노력과 시간, 그리고 에너지를 영문학 고전들을 더 늦기 전에 하나라도 더 읽는데, 그리고 고맙게도 지난 30여 년 간 보잘것없는 글이나마 꾸준히 실어주는 영자신문〈코리아 타임스〉의 독자들을 즐겁게 하여줄 좋은 글을 하나라도 더 자주 쓰는데 바치련다.

(2001년 12월)

인간과 개

　개들은, 특히 훈련이 잘 된 개들은, 사람보다 훨씬 더 어떤 일을 잘 해낸다. 특별히 발달된 예민한 후각과 청각 그리고 튼튼한 체구와 가상한 인내력을 갖춘 개들은 숨겨져 있는 마약이나 폭탄을 찾아내기도 하고, 감옥에서 탈출한 범죄자를 추적하여 잡기도 하고, 집도 지키고, 사냥꾼들에게 사냥감도 찾아주고, 맹인들의 눈 노릇도 하고, 데모군중도 해산시키고, 심지어는 권투선수들과도 같이 링에 올라 싸움을 벌임으로써 사람들을 즐겁게도 만든다. 사람들이 개를 각별히 좋아하고 기르는 데는 충분한 이유가 있다.
　개들이 사람들의 사랑을 받는데는 위에서 언급한 여러 가지 탁월한 능력과 역할 때문이겠으나, 무엇보다 사람들이 이들을 사랑하는 이유는 이들이 주인에게 보여주는 충성심 때문이다. 참으로 개들의 충성심은 때에 따라서는 우리의 눈물을 자아내기에 충분할 만큼 감동적이다. 개들은 주인이 힘이 세다거나, 부자라거나, 훌륭한 사람이거나를 가리지 않는다. 그 주인이 조그만 어린아이든 어른이든, 젊은이든, 허약하고 병들어 언제 죽을지 모르는 노인이든 관계없이 그들은 한결같이 주인에게 충직하게 복종하며 따른다.

이와 같은 개들의 능력과 성질을 잘 알고있는 나는, 특히 이야기 속에 나오는 그 전설적인 충성심과 믿기 어려운 지능적인 행동에 대하여 감동과 찬탄을 금할 수 없게 된 나는, 한때 그런 개를 한 마리 갖고 싶었다. 그런데 나는 곧 그것이 생각처럼 쉬운 일이 아니라는 사실을 알게 되었다. 적어도 어떤 특수한 목적이나 용도에 쓰일 만한 개로 훈련시키기 위해서는 우선 혈통이 좋은 개를 구입하여야만 하는데 그 값이 한두 푼이 아니라는 것이다.

거기다가 보통 개들보다는 훨씬 잘 먹여야 한다고 들었다. 주인은 비싸서 잘 못 먹는 고기도 개에게는 먹여야만 한다고 한다. 이래저래 좋은 개를 하나 키우려는 꿈은 일찌감치 포기하고, 친구 집에서 공짜로 얻어와 지금 기르고 있는 잡종 개로 만족하기로 하였다.

그런데 이 개를 데리고 아침마다 산보를 나가는 나의 즐거움은 곧잘 아주 사납게 보이는 무시무시한 개를 끌고 나온 사람 앞에서 여지없이 깨지고 만다. 든든한 가죽끈으로 목이 매여있어 망정이지 언제고 끈만 놓아주면 나의 개는 물론 나도 이 사나워 보이는 개 앞에서 무사하지 못할 것이 분명하다. 이런 개들은 주인과 마찬가지로 나처럼 이름 없는 잡종견을 가지고 있는 나를 아주 아예 무시해버린다. 개도 주인도 똑같이 거드름을 피우고 상대가 없다는 듯이 건방지다. 사실 나는 이런 개 앞에 서면 은근히 무섭다. 주인이 언제라도 그 사나워 보이는 거대한 개를 풀어놓을지 모르기 때문이다. 나는 나의 개가 이런 개 앞에서는 오금을 펴지 못하고 꼬리를 감추고는 아예 설설 기는 모습에 창피하기도 하고 짜증도 나지만 할 수 없는 일이다. 나도 이럴 때마다 그 사람의 개보다 더 크고 무서워 보이고 사나운 투견을 한 마리 구하여 이놈에게 복수를 해볼까 생각도 하여 보았지만 곧 그 생각을 지워버렸다.

그런데 최근에 와서 나는 이 세상 어느 곳에서는 어떤 머리 좋은 사람들이 개를 사람처럼 훈련시키어 좋은 일하는 데 쓰는 것이 아니고, 반대로 사람을 개처럼 훈련시켜 나쁜 일을 하는데 쓰고 있다는 사실을 알게 되어 크게 놀랐다. 이 인간을 개로 훈련시키는 악인들은 아주 머리도 우수하고, 언변도 뛰어나고 (궤변이지만), 인물도 출중하고, 재력도 넉넉하여 순진한 사람들을 끌어들여 자기의 부하로 만들어 수족처럼 부리는 뛰어난 능력이 있다. 어찌하여 이 세상에 그 좋은 머리와 능력을 타고나서 그것을 좀더 건설적인 데 쓰지 않고 구태여 평화를 파괴하고, 전쟁을 일으키고, 인명을 살상하는 데 쓰는 사람이 태어나고 만들어지는지 그 이유는 분명하지도 않고 쉽게 설명할 수도 없는 노릇이지만 (악의 기원을 설명할 수 없듯이), 그러나 분명한 사실은 이런 종류의 악인들은 간단없이 인류역사의 무대 위에 등장하였다는 분명한 사실과, 이런 사람들과의 싸움이 인류역사의 상당부분을 차지하고 있다는 사실 또한 부인할 수 없는 일이다.

  문제는 이 개로 변한 인간들은 주인의 입장에서 보면 진짜 개들보다 모든 면에서 훨씬 더 효과적이고 유능하며 동시에 훨씬 더 충성스럽다는 사실이다. 그들은 단지 "앉아", "기다려", "물어" 정도 수준의 명령에 만족하지 않는다. 그들은 주인이 시키기만 하면 동료 인간들을 고문도 하고, 목을 베어 오기도 하고, 총도 쏘고, 폭탄을 몰래 장치하여 터뜨리기도 하고, 민간인 비행기를 납치하기도 하고, 대단히 정교한 수준의 무기를 조작할 수도 있으며, 미사일을 발사하여 정확하게 목표물을 파괴할 수도 있다. 그들은 때로는 납치한 민간인 비행기를 몰아 그대로 목표물에 돌진하여 승객들은 물론 자기 자신들의 목숨도 파괴하기를 주저하지 않는다. 병균을 퍼트리라고 하면 그 일도 주저하지 않는다. 모두가 주인이 시키는 대로, 훈련받은 대로이다. 주인에 대한 충성심 때문이다.

  이처럼 개로 훈련을 받은 인간들의 위험성은 이번 뉴욕에 있는 세계무역센터와 워싱턴 펜타곤 건물에 대한 자살공격에서 보았듯이 그 위험성이 진짜 개의 위험성에 비할 바가 아니다. 우리는 가끔, 아니, 자주 "어떻게 차마 이런 끔찍한 일이!?" 하는 질문을 던지면서 인간이 같은 인간에게 저지르는 비인간적인 끔찍한 범죄—납치, 테러, 고문, 대량학살—앞에서 망연자실한다. 그러나 이런 일들은 모두 실제로 일어나는 일이며, 그것도 주인에 대하여 남다른 충성심을 가진 잘 훈련된 개들, 아니 개로 훈련된 인간들에 의하여 이루어진다.

　주인의 가죽끈에서 풀려난 사냥개가 연약한 토끼를 덮치어 물어뜯어 버리듯이, 이 개로 변한 인간들은 주인이 시키는 대로, 주인의 명령에 따라 무슨 짓이고 충실하게 수행한다. 슬픈 일은 미친개에게 책임을 물을 수 없듯이 우리는 이런 개로 변한 인간들에게 책임을 물을 수 없다는 사실이다. 개들은 자기가 한 일에 대하여 엄격한 의미에서 책임이 없다. 그런 개를 풀어놓은 주인의 책임이다. 우리는 미친개를 법정에 세울 수는 없다. 세워보아야 허사다.

　어찌하여 과연 인간이 개보다 훨씬 더 위험하고 흉악한 비인간적인 동물로 변할 수 있단 말인가? 여기에 대한 대답은 이런 개들을 훈련시키고 소유하고 있는 주인들의 경우를 설명하기보다는 훨씬 분명하고 쉽고 간단하다. 훈련과 세뇌를 통하여서이다. 다시 말해서 인간으로 하여금 어떤 정해진 신념을 갖게만 하고 다른 어떤 견해에 접할 수 있는 기회를 차단하여 버리는 것이다. 이런 세뇌와 훈련효과는 다양한 종류의 정보와 뉴스에의 접근을 허용하지 않고 오직 그들의 목적에만 적합하게 계획되고 만들어진 정보와 뉴스에만 접하도록 허용된 때 그 효과는 절정에 달하는 것이다. 인류역사가 우리에게 분명하게 보여주는 바는 온갖 비인간적이고 야만적인 범죄를 저지른 개로 변한 인간들이 가장 많이 만들어지고, 활보하고, 전성기를 누리는 시기와 장소는 언제나 독재자가 정권을 차지하고 있는 때이며, 언론과 표현의 자유가 말살되고, 오직 독재자들의 선전 목적을 위하여 모든 정보와 뉴스가 조작되고 왜곡되는 독재정부 하에서만 가능하였다는 사실이다.

  개로 변한 인간에도 아주 인간성이 없는 것은 아니다. 그들도 굶으면 배고파하고, 상처받으면 아파한다. 그들도 살려면 먹어야하고, 잠도 자야 하며, 후손을 기르고 퍼뜨리고 싶은 욕망도 가지고 있다. 그들도 칭찬 받으면 좋아하며, 벌을 받기를 두려워한다. 그러나 이런 인간적인 공통점이 있다고 해서 이들과 진정한 인간 사이에 존재하는 무한정한 차이점을 간과하여서는 안 될 것이다. 인간의 모습을 하고 있다고 해서 모두가 인간은 아니다. 민간인 비행기를 납치하여 건물에 뛰어드는 인간 모습을 한 미친개들이 있는가 하면, 다른 사람들의 목숨을 구하기 위하여 자신의 생명을 기꺼이 희생하는 인간의 한계를 뛰어넘어 천사의 경지에 이르는 인간도 있다.

  나는 가죽끈에 묶인 사나워 보이는 개를 보면 은근히 두렵다. 주인 없이 떠돌아다니는 미친개는 더 무섭다. 그러나 정작 더 무서운 것은 주인의 명령에는 절대복종하는 충실한 개로 변한 인간의 존재다. 아니다. 위에서 언급한 것들 모두보다 더 두렵고 무서운 것이 있다. 그것은 우리 인간은 너나 할 것 없이 누구나 언제 어느 때고 적당한 사정이나 조건이 주어지면 자신도 모르는 사이 아주 사나운 개로 변할 수 있다는 가능성이다. 나는 광기가 두렵다. 나는 인간성 속에 잠재하여 언제 폭발할지 모르는 광기가 두렵다.

(2001년 9월 16일)

어떤 살인자를 위한 변호

이름은 송경희. 이 여인은 스무 살 나이에 한국에 주둔한 미국인 병사와 결혼하였다. 이 미국인 남편이 한국에서 군복무를 마치고 미국으로 돌아가게 되자 이 여자도 함께 많은 기대와 꿈을 가지고 미국으로 건너갔다. 미국에 도착하자마자 이 여인은 자기의 꿈이 여지없이 깨어짐을 경험해야만 하였다. 부족하고 서투른 영어를 가지고 이 여인은 새롭고 이상한 풍습과 사람들에게 쉽게 적응할 수 없었다. 이 여인은 곧 남편의 가족들에게 무시와 따돌림을 받아야만 했으며 시간이 흐르면서 남편조차도 이 여인을 천대하기 시작하였다. 심지어 때리기까지 하였다. 몇 년이 못 가서 이 여인은 남편과 이혼을 하게 되었으며 두 사람 사이에 생겨난 딸 하나는 이 여인의 강력한 요구에도 불구하고 법원의 명에 의하여 남편에게 그 양육권이 넘어갔다. 어린아이를 양육하기에는 이 여인의 정신상태가 적합하지 않다는 이유에서였다.

얼마 후 이 여인은 다른 미국인 남자와 재혼하였으나 불행하게도 이 결혼도 곧 실패로 끝났으며, 그 후 이 여인은 노스캐롤라이나 주에 있는 어느 조그만 마을에 있는 한 호텔에 현금출납을 담당하는 여사무원으로서 주인의 절대적인 신임을 받으면서 두 번째 남편과 사이에서 얻은 아들과 함께 살고 있었다. 사건이 있었던 날 이 여자는 일을 끝내고 새벽 2시경 자기가 살고 있는 아파트로 돌아와 보니 세 살 난 자기 아들이 머리가 텔레비전에 짓눌린 채 숨져 있는 것을 발견하였다. 경찰이 도착하여 현장을 조사하고 이 송 여인도 아들의 사망 원인에 대하여 심문을 받았다. 송 여인의 설명에 따르면 아들은 텔레비전이 놓여 있는 장롱의 서랍을 열고는 그 위에 올라가 장롱 위에 놓여 있는 TV를 켜려고 하였는지는 확실하지 않지만, 하여간 어떤 이유로 TV와 함께 방바닥에 쓰러졌으며, 그 결과 TV에 머리를 맞아 죽은 것 같다고 진술하였다. 그러나 경찰에서는 살인의 가능성이 있다고 보았다. 이 여인은 결국 아들을 죽인 혐의로 재판을 받았으며, 유죄가 인정되어 1987년 노스캐롤라이나에 있는 한 법정에서 2급 살인으로 20년의 징역형을 선고받았으며 현재 복역 중이다.

송 여인이 복역을 시작하여 5년이 지난 이 시점에 와서 비로소 미국에 살고 있는 보다 많은 한국 사람들은 이 사건에 대하여 알게 되었으며, 뒤늦게나마 한 무고한 사람이 억울하게 죄를 뒤집어쓰고 짓지도 않은 죗값을 치르고 있지나 않나 하는 의구심을 품게 되었고, 어린 자기 자식의 비극적인 죽음에 대하여 제대로 울어 볼 시간조차도 갖지 못하였을 이 불행한 한 젊은 여인에 대하여 동정과 관심을 갖게 되었다. 현재 미국 시민으로서 잘 나가고 있는 한 한국 변호사는 이 여인의 불행한 처지에 각별한 동정심을 느끼고, 동시에 이 여인의 결백함을 확신하게 된 나머지 재심을 위한 증거수집과 준비를 하고 있는 중이다.

내가 이 사건에 대하여 알게 되고 동시에 관심을 갖게 된 것은 1992년 9월 13일 심야에 방영된 SBS 텔레비전 특집 다큐멘터리 방송을 통하여서였다. 그리고 내가 이처럼 이 사건에 끼여든 것은 방영된 기록화면을 보면서 나도 이런 경우 한마디 말할 거리와 의무가 있다고 느꼈기 때문이다. 나야 수사관도 아니고 법률가도 아니니까 여기에 관련된 법적 사실을 논할 자격은 없지만 이 송 여인의 경우 미국 사람들이 이해하지 못하고 넘어갈 수도 있는 문화적 또는 언어적 차이점을 지적하고자 하는 바이며, 이 문화적 언어적 요소의 간과는 사법적 판결을 내림에 있어서 본의 아닌 커다란 오류를 낳을 수도 있다고 생각되었기 때문이다.

이 여인은 우선 자신의 범행을 스스로 자백하였다. 심문을 받기 위하여 경찰서로 연행되어 간 이 여인은 자신이 아들을 죽였노라고 자신의 입으로 고백하였다. TV에 방영된 장면에서 보면 조사를 받기 위하여 경찰서로 연행되어 간 이 여자는 두 팔로 머리를 감싸쥐고 테이블 위에 머리를 얹어 놓고는 흐느껴 울면서 그간 습득한 불완전한 영어로 거듭해서 "It's my fault. I killed my son" (나의 잘못입니다. 내가 아들을 죽였어요)라고 반복하는 모습을 나는 볼 수 있었고, 들을 수 있었다. 옆에 있는 여자 경찰관은 이와 같은 의외의 범죄고백에 "What? What? What did you say? What did you say?" (뭐라고요? 뭐라고요? 지금 뭐라고 말했어요? 지금 뭐라고 말했어요?)라고 너무나 쉽게 나온 범행 자백에 의외라는 듯이 계속해서 되묻고 있었다. 이 여자 경찰관을 비롯하여 주변에 있었던 다른 경찰관들도 틀림없이 이 여자가 이처럼 쉽게 범행을 자백하는 데 놀랐을 것이다.

그런데 내가 궁금한 것은 과연 그 미국인들 가운데서 이 한국 여자가 한 말의 진정한 의미를 해득할 수 있는 사람이 과연 하나라도 있었겠느냐 하는 문제이다. 글자대로라면 이 여자의 말은 분명 범행의 자백이다. 그러나 내가 제대로 돌보지 못해서 나의 아들이 그만 죽게 되었다는 통한에서 나온 한국식 표현의 참뜻을 이해한 사람은 아마도 없었을 것이다. 나는 이 여인이 이런 상황에서 그 동안 우리말을 모두 잃어버리지도 않았을 터인데 그냥 우리말로 나오는 대로 슬픔과 죄의식을 표현하지 않고 그 말을 어째서 영어로 직역하여 말하였는지가 의아스럽고 안타까울 뿐이다.

　내가 어렸을 때의 일이다. 빨래하러 가는 엄마를 따라 강에 나갔다가 아차 하는 사이 물에 빠져 죽은 아들을 놓고 그의 어머니가 통곡하면서 한 말을 나는 지금도 분명 기억하고 있다. "아이고, 아이고, 이게 다 어미 탓이다. 어미 탓이다. 내가 너를 죽였지. 이 어미가 너를 죽였지." 이 어머니는 자기가 부주의해서 아들이 물에 빠져 죽는 결과가 되었다는 자책과 자괴의 변을 늘어놓고 있었다. 이런 경우 이 어머니의 말을 듣고 거기에 어떤 별다른 의미를 부여하는 사람은 이 한국 땅에는 한 사람도 없을 것이다. 그야말로 슬픔에 따라나오는 하나의 의미 없는 넋두리일 뿐이다.

　이 여인이 화가 나거나 짜증이 나서 욱하는 김에 아들을 살해하였다는 그 살해방법에 대한 경찰의 주장 또한 문화적으로 의문점이 많다고 나는 생각한다. 이 여인은 서랍이 네 개 달린 장롱의 밑에서 두 번째 있는 서랍을 열고는 세 살 된 아들을 그 속에 집어넣어 세워 놓고는 세차게 그 서랍을 닫아 아이를 질식사시키고는 TV를 아기의 머리에 얹어 놓아 범행을 사고로 위장하였다는 것이 경찰의 주장이었다. 만약에 이 여인이 경찰의 주장대로 욱하는 김에 자기에게 부담이 되고 또 자기를 괴롭게 하는 아들에게 분풀이를 하다가 살인을 저질렀다면 이 방법이야말로 미국사람들에게는 몰라도 한국사람들에게는 참으로 어울리지 않는 방법이 아닌가 한다. 나의 경험으로 우리나라 어머니들이 화가 났을 때 자기의 자식들을 벌주는 방법은 손바닥으로 따귀를 때리거나, 손에 잡히는 빗자루나 회초리 아니면, 좀 심한 경우 방망이 같은 것으로 때리는 것이다.

　성이 나서 또는 짜증이 나서 욱하는 김에 범행을 저질렀다는 살인치고는 경찰이 주장하는 그 방법은 너무나 계산적이고, 용의 주도하며, 시간이 많이 걸리고, 우선 쉬운 방법이 아니다. 이 여인이 그 정도로 계획적인 방법으로 살인을 저질렀다면 경찰서에 처음 연행되어 갔을 때 자신을 크게 불리하게 만드는 그런 바보 같은 말을 할 리도 없었을 것이다. 그렇다면 이 여자는 미국식으로 살인을 저지르고는 한국식 사고방식으로 말하였단 말인가? 아니면 미국식 살인방법은 터득하였지만 아직도 자신의 그런 한국식 표현방법이 미국 사람들에게 어떻게 이해되는 지까지는 깨닫지 못하고 있었단 말인가?

　법정에서 이 여인의 태도는 대단히 도전적이었고, 불같이 성을 냈으며, 거친 욕도 마구하였다고 한다. 한번은 자신을 취재하려는 TV 카메라맨을 발길로 차기도 하였다고 한다. 이 여인의 이와 같은 법정에서의 언행은 배심원들을 비롯한 모두에게 대단히 불쾌한 인상을 주었을 것이다. 그러나 이 여인이 진정으로 살인을 저질렀고 어떻게 해서든지 벌을 받지 않으려는 의도가 있었다면 결코 이런 행동은 하지 않았을 것이며, 법정에서 고분고분하고 상냥한 인상을 남기도록 노력하라는 변호사의 조언도 잘 들었을 것이다. 여러 가지 정황을 종합해 볼 때 이 여자는 아이를 잃고 비통해 하는, 그러나 슬퍼할 시간이나 여유도 없이 부당하게 살인자 취급받는데 대하여 억울해 하고 성나 있는 전형적인 한국 여자의 상이다.

나는 범죄인을 체포하고 구금하고 재판하여 사회정의를 유지하고 구현하는데 있어서 미국의 사법제도가 세계 어느 나라에 못지않을 뿐만 아니라 오히려 우리보다 훨씬 앞서 있다는 사실도 인정한다. 그렇지 않고서야 그 큰 나라에서 그 수많은 인종들이 함께 살면서 그처럼 조화를 이루고 번영을 누리며 살아갈 수 있겠는가. 동시에 이 송 여인을 기소하여 유죄판결을 내린 노스캐롤라이나 법정도 양심에 따라 최선의 선택과 결정을 내렸다고 굳게 믿는다.

그러나 우리는 누구나 틀릴 수 있다. 아무리 선의의 최선을 다하는 속에도 실수의 가능성은 있을 수 있다. 이 여인이 처음부터 범죄를 고백한 사실에서 시작하여, 이 여인의 법정에서의 난동에 가까운 행동과 폭언, 그리고 결혼하기 전 한국에서 이 여인의 떳떳치 못한 전력—이 모든 것은 이 여자를 아들의 살인범으로 인정하기에 충분한 상황증거가 되었을 것이다. 그러나 바로 그런 점들이 바로 이 여자의 무죄를 증명하는 강력한 반증이 될 수 있다고 나는 생각한다. 우리는 가끔 너무 확실한 곳에서, 너무 확신하는 데서, 실수하는 경우가 있다. 미국 법정이라고 해서 예외는 아니다.　(1992년 9월)

후기

다행스럽게도 이 글이 쓰여진 후 약 1년 뒤(기간은 정확하게 기억할 수 없음) 송여인은 재심결과 미국 법원으로부터 무죄가 인정되어 자유의 몸이 되었다는 소식이 조그맣게 국내 신문에 보도되었다.

교수가 된 소설가

패배의 미학

롱펠로

테니슨

평화의 소

교수가 된 소설가

　우리나라에서 이름이 잘 알려진 이문열이라는 소설가가 어느 날 갑자기 대학교수가 되었다는 소식이 신문에 보도되어 나를 잠시 어리둥절하게 만들었다. 그는 서울에 있는 세종대학교로부터 앞에 "조"자나 "부"자와 같은 군더더기 말이 붙지 않는 그냥 교수로 취임하여달라는 제안을 받았으며, 그는 이 대단히 예외적이며 전례가 없는 제의를 수락하였으며, 새 학기부터 강단에 선다는 것이다. 이상이 뉴스의 전말이다. 이문열 씨가 이처럼 파격적인 대우를 받으면서 소설가에서 교수로 변신한 데 대하여 이문열 씨 자신은 아주 자랑스러워하는 것이 분명하며, 주위 사람들 모두가 아주 부러워하는 눈치다.
　그러나 나는 부러워하지 않는다. 20년이 넘게 서울에 있는 대학에서 문학을 직업적으로 가르쳐왔고(국문학이 아니고 영문학이지만), 나름대로 문학에 관련된 문제라면 남다른 관심과 흥미를 느끼는 필자에게 이 뉴스는 적지 않은 실망을 가져다주었다. 그것은 이문열 씨가 요즈음 대학교수가 되는데 하나의 필수조건인 학위가 없다거나, 나이가 새로운 직업을 시작하기에는 너무 많다거나(만 46세), 또는 지금까지 소위 학술논문이라는 것을 단 한 편도 쓴 적이 없을 것이라는 이유 때문만은 아니다.

이문열 씨야말로 우리나라에서는 몇 명 안 되는 전업 소설가 가운데 한 사람이다. 다시 말해서 다른 부업을 갖지 않고 오직 소설만을 써서 생활을 하는 직업 작가라는 말이다. 그는 교수 자리를 수락해 놓은 이 마당에도 정신적으로는 자신이 작가라고 생각하고 있을 것이다. 이 세상에 존재하고 있는 수많은 작가들 가운데서(작가 지망생들을 포함하여) 이문열 씨처럼 오직 글만 써서 집도 사고, 자동차도 굴리고, 자녀들 학교에 보낼 만큼 여유가 있는 그런 행운을 누릴 수 있는 작가는 참으로 드물다. 그런 꿈은 가지고 있어도 그럴 수가 없어서 교사 노릇도 하고, 잡지사 기자 노릇도 하고, 출판사 편집국에도 근무하면서 월급을 받아 생계를 유지하며, 틈을 내어 작품을 쓰는 것이 대다수 작가들의 운명이다. 이들에게 꿈이 있다면 오직 글만 써서 생활을 할 수 있는 때가 오기를 기다리는 것이다. 그런데 이문열 씨는 이미 그런 꿈을 이룬 몇몇

안 되는 행운 있는 작가들 가운데 하나다. 그가 쓴 소설 가운데 몇 개는 아주 많이 팔려 그는 돈 걱정 없이 생활할 수 있으며, 이미 이름도(명성도) 얻었다. 그렇지 못한 다른 작가들 눈에 이문열 씨야말로 선망의 대상이다. 그처럼 되는 것이 모든 작가들의, 작가 지망생들의, 이루고자 하는 꿈이다. 이문열 씨는 이 꿈을 이룬 작가이다. 그런데, 이 이문열 씨가 느닷없이 새로 직장을 하나 얻었다는 것이다. 슬픈 일이다.

  이문열 씨는 교수로 취임함에 앞서 기자들에게 밝히기를 자기는 본시 교사가 되는 것이 꿈이었으며, 그래서 자기는 사범대학에 입학하였으며, 비록 중도에 졸업을 포기하고 작가가 되었지만 항상 교사의 꿈은 버리지 않고 간직하여 왔노라고 말한 것으로 전해진다. 앞으로 이문열 씨는 훌륭한 교수가 될 것이 틀림없으며, 학생들 사이에서도 아주 대단한 인기를 누릴 것이 틀림없다. 대학 당국도 이런 유명 인사를 고용하여 월급을 줌으로써 학교의 이미지를 높이고 개선하는 효과를 얻을 수 있을 것이다. 세종대학과 이문열 씨 사이에 이루어진 이 거래는 두 편이 모두 얻기만 하고 잃는 것이 없는 참으로 이상적인 거래라 하겠다. 이런 경우에 쓰이는 속담이 바로 "누이 좋고, 매부 좋고"가 아니겠는가?

  그러나 알고 보면 이문열 씨는 소설가로서 이 세상에서 가장 중요하고 큰 것을 잃었다. 작가로서의 자유를 잃었다. 우리의 주변에서 볼 수 있는 흔하고, 오래되고, 평범한 소재를 가지고 무엇인가 새롭고 의미 있는 것을 만들어 내겠다는 억압할 수 없는 욕망과 특별한 재능을 가지고 태어난 작가에게 있어서 이 세상에서 가장 필요한 것은 자기가 하고 싶은 일을 어느 누구의 간섭이나 방해를 받지 않고 마음껏 할 수 있는 완전한 자유요, 무한정 한가한 시간이다. 예술가가 진정으로 걱정해야만 할 걱정이 있다면 그것은 이런 자유와 시간을 얻기 위한 걱정이다. 예술가들이 돈을 필요로 하는 이유도 따지고 보면 이런 자유를 얻기 위함이다. 역설적으로 말해서 이 세상에서 가난하고 불운한 예술가들이란 다른 사람이 아니고 바로 먹고살기 위하여 글 쓰기에다 쏟아 부어도 모자라는 귀중한 시간을 할 수 없이 다른 곳에 써야만 하는 처지에 있는 사람들이다.

동서고금을 통하여 예술가가 되겠다는 사람들의 변함 없이 지속되는 꿈이 있다면 바로 자신들이 하는 일을 통하여, 다시 말해서, 시인은 시만 써서, 소설가는 소설만을 써서, 화가는 그림만 그리고도 경제적으로 독립할 수 있는 때가 오기를 갈망하는 것이다. 쉽게 말해서 이문열 씨처럼 되는 것이다. 그런데 이문열 씨는 그가 소설가로서 이룩한 경제적 성공과 이에 따른 예술가로서 필수적인 자유를 스스로 포기하고는 책임과 의무가 따르는 또 하나의 직업을 스스로 택한 것이다. 알 수 없는 노릇이다.

언제부터인지는 모르겠으나 이 나라에서 대학교수직은 그

것이 누리는 사회적 명예나 경제적 보수에 비하여는 아주 할 일이 별로 없는(다시 말해서 놀고 먹는) 한가한 직업이며, 한 번 잡으면 별다른 위험이나 경쟁이 없이 해먹는 수월한 직종으로 되어있다. 그의 건강이 허락하는 한 그는 별탈 없이 65세까지는 월급을 챙길 수 있는 자리로 되어 있다. 어느 정도는 사실이다.

그러나 일은 일이다. 남이 하는 일은 쉬워 보이고 자기가 하는 일만 유독 어려워 보이는 법이다. 국제적으로 인정받는 저널에 실릴 수준 높은 학술논문을 쓰지는 못한다 하더라도 그래도 매년 논문이라는 쓰기 싫은 글도 한두 편 써야만 자리를 부지할 수 있다. 교수도 엄연히 일정한 시간에 출근하여 사무실을 지키고 앉아 있어야 하며, 정해진 시간 꼬박 교실에 들어가 강의해야만 되고, 중간고사와 학기말 시험문제도 출제해야되고, 시험 감독도 해야만 되고, 답안지 채점도 정신차려 해야만 된다. 시험 감독 시간에도 졸거나 신문을 읽어서는 안 되고 눈을 부릅뜨고 혹시 어느 학생이 컨닝을 하지 않나 감시를 소홀히 해서는 안 된다. 교수회의라는 지루한 회의에도 얼굴을 내밀어야만 되고, 졸업식과 입학식 날에는 어울리지 않는 가운도 찾아 입고 꼭 참석해야만 한다.

또 MT라는 학생들의 1박 2일 정도의 야유회에도 일 년에 한 번 이상 동반하여만 된다. 여기에 가면 학생들의 요청이 아니라 강요에 따라 축구도 해야되고(남자 교수인 경우), 배구도 해야만 되고(여자 교수인 경우), 술도 마셔야 되고, 디스코도 추어야 되고, 노래도 불러야 된다. 그것도 밤새도록. 먹고살려니 할 수 없는 일이다. 인기 유지나 관리는 연예인에게만 해당되는 사항이 아니다. 물론 이런 일들은 석탄을 캐는 광부들의 일이나, 건축 공사장에서 등으로 흙이나 벽돌을 날라야만 하는 노동자들의 힘든 일에 비하면 일이라고조차 말할 수 없는 일이라고 하겠지만, 그러나 어쨌든 사람을 지치게 하고 휴식을 필요로 하도록 만든다는 엄연한 사실에서 일은 일인 것이다.

그리고 자기가 글을 쓴다는 일과 이 글 쓰기를 남에게 가르친다는 일은 전혀 별개의 일이다. 신문에 의하면 이문열 씨는, 아니 이문열 교수는, 앞으로 대학에서 창작기법, 즉 소설 쓰는 방법을 강의할 예정이라고 하는데 성공적인 소설가가 소설을 가르친다거나 소설작법을 성공적으로 가르칠 것이라는 보장은 없다. 물로 사람은 누구나 어떤 분야에 있어서도 기본적인 기술이나 법칙 같은 것은 남에게 배울 수도 있고 남에게 가르칠 수도 있다. 그러나 예술가란 또 예술이란 가르치거나 배워서 될 성질의 것이 아니다. 셰익스피어에게 연극은 이렇게 쓰는 것이라고 가르쳐준 사람은 없다. 예술가는 타고나는 것이다.

얼마 동안 이문열 교수 주변에는 소설가를 지망하는 열렬한 팬들이(그러나 그 정열에 비하여 재능은 타고나지 못한)

벌떼처럼 몰려들 것이다. 그의 사무실에도, 그의 집에도 이문열 씨처럼 되기를 갈망하는 학생들이 찾아가 한 수 가르쳐달라고 조를 것이다. 이처럼 얼마 동안은 이문열 교수도 이런 학생들의 요구를 만족시켜 주고, 동시에 자기 자신의 허영심도 만족시켜 주는 일에 열중하겠지만 이런 일은 오래 지속될 수는 없다. 이런 열기는 곧 시들고 식어버릴 것이며, 그 자리에는 권태감, 나태함, 지루함, 피곤함, 실망 같은 것이 들어찰 것이다.

내가 지금까지 이문열이란 소설가를 높이 평가해온 이유 가운데 하나는 그의 작가로서의 오기다. 글을 잘 쓰는 일보다는 오히려 더 높은 학력을 얻기에 연연하는 이 땅의 대부분의 작가들과는 달리 이문열 씨는 어떤 구체적인 이유에서인지 동기에서인지는 모르겠으나 입학한 대학을(그것도 소위 일류 대학을) 중도에 때려치우고 작가로서 독립하여 성공하였다. 우리나라에서는 보기 드문 일이요 대단히 용기 있는 일이다. 나는 지금까지 이 땅에도 바위처럼 굳어진 사회의 틀과, 권위와, 가치와, 제도를 감히 무시하고, 도전하고, 조소할 수 있는 소설가가 있다는 사실 하나만으로도 이문열 씨를 높이 평가하여 왔다. 그런데 지금까지의 나의 생각에 잘못이 있었던 것이다. 애석한 일이다.

예술가로서 갖추어야만 될 기본적인 재능 이외에 한 작가가 타고나야만 할 수많은 요소들 가운데는 외로움을 잘 견디고, 그것을 자기 것으로 만드는 힘이다. 예술가는 하늘 높이 혼자 떠있는 독수리와도 같이 사람들로부터 떨어져 살 수 있는 기백이, 살아야만 하는 힘이, 살고 싶어하는 본능이 있어야만 한다. 그래서 그는 인간과 사회에 대한 좀더 정확한 객관적인 넓은 시야를 갖게 되고, 자기 일에 전념할 수 있는 시간과 자유를 확보할 수 있다. 교수가 되어버린 이문열 씨의 결정은 교수라는 세속적인 명예를 과대평가하고, 진정한 예술가의 특권을 간과한 지극히 현명하지 못한, 실망스런 결정이다.

(1995년 3월)

패배의 미학

　김영삼 대통령이 출범시킨 "문민정부"에 대한 국민들의 큰 기대가 큰 실망으로 바뀐 가운데 실시된 여당의 차기 대통령 후보 경선에서 이회창 씨가 결정되었다. 현직 김영삼 대통령의 마음속에 누가 과연 차기 대통령 감으로 점 찍혀 있느냐를 놓고 각종 루머가 난무하는 가운데 여섯 명의 후보가 경합한 이번 선거는 한국 정치사상 최초의 대통령 후보를 공개적으로 뽑은 우리나라 정치사상 그 유례가 없는 최초의 일이었다. 어쨌든 이번 여당의 대통령 후보 선출은 그동안 답답해진 국민들의 숨통을 일시적이나마 트이게 하고, 우리나라의 민주적인 정치발전을 기대하는 많은 사람들에게 그런 대로 희망을 가져다 준 흥미롭고 뜻깊은 행사였다. 그때 가서 또 실망하는 일이 있을지라도 조금만 참고 기다리면 새로운 얼굴이 나와 청와대의 새 주인이 된다는 사실 하나만도 이 땅에서 현재를 살아가고 있는 우리들로서는 무한히 감사할 일이다.

처음부터 국민들의 관심은 대통령 후보를 결정하는 과정에 김영삼 현직 대통령의 역할과 영향력에 집중되었다. 이번 선거가 있기 훨씬 전부터 그는 여당의 총재로서 차기 대통령 후보의 결정에 어떤 방법으로든 개입하겠다는 의사를 분명히 하였으며 모두들 당연히 그러리라고 생각하였다. 그러나 김 대통령 자신에게나 그가 마음속에 두었던 후보자에게는 대단히 안 된 일이 되고 말았지만, 임기 말 현저하게 약화된 김 대통령의 권위와 밑바닥까지 내려간 그에 대한 국민들의 지지도는 이번 대통령 후보 선출에 그가 어떤 간섭이나 개입을 하는 것을 현실적으로 불가능하게 만들었다. 아이러니컬하게도 우리는 현직 대통령의 무능과 실책 덕분에 더 많은 정치적 자유와 민주주의를 맛보고 누리게 된 셈이다.

그런데 이번 후보선거가 우리들에게 가져온 희망과 기대는 후보 경선에 참가했다가 패배한 후보들의 어쭙잖은 언행에 의하여 곧 깨어지고 말았다. 최병렬 씨 한 분만 깨끗이 패배를 시인하였고 나머지 후보들은 선거에 패하고 나서도 패배를 인정하지 않고 대통령 후보로서의 미련을 버리지 않고 있는 것으로 언론에 보도되었다. 이인제 씨는 아예 노골적으로 대통령 선거에 후보로 출마하겠다는 뜻을 분명히 하였다. 순진하게도 우리는 다른 것은 몰라도 여당의 대통령 후보자는 한 명으로 정해졌으니 이제부터는 세상이 좀 조용해지고 간단해지는 줄로 알았더니 그게 아니었다. 패배를 인정하지 않는 이 용감하고 끈질긴 사람들 덕분에 선거가 있기 전보다 오히려 더 시끄럽고 복잡해진 세상이 되어버렸다.

　싸움에 진다는 것은 — 그것이 내기 바둑이던, 사랑이던, 야구 경기이던, 입학시험이던, 대통령 후보 경선이던, 전쟁이던 — 패배한 당사자에게는 결코 유쾌한 일일 수는 없다. 자존심 상하는 일이며 가슴 아픈 일이다. 꿀꺽 삼켜버리기에는 너무나 쓴 약이다. 두 손 번쩍 들어 패배를 인정하고 받아들이기란 말처럼 쉬운 일은 아니다. 패배가 가져오는 불명예와 고통, 손실, 억울함과 분을 새기지 못하여 극단의 경우에는 자신의 목숨까지 스스로 끊어버리는 사람도 있다. 거기까지는 이르지 않는다 하더라도 싸우다 그만두거나 항복하면 창피한 일이요, 남자답지 못한 일이요, 크게 손해를 보는 것으로 되어 있다. 더군다나 전쟁터에 나가 적에게 항복한다는 것은 싸우다가 죽는 것만 단연 못한 것으로 되어 있다. 이 나라의 민주주의를 지키기 위하여 헌신하여 왔다는 민주투사 이인제 씨가 민주주의의 기본원칙을 스스로 파괴하면서 이처럼 구차스럽게 행동하는 것은 결코 용인될 수 없는 행위지만, 이해는 가는 일이다. 싸워서 이기는 것만 최고의 미덕이요 가치로 알고 살아온 사람에게는 어쩌면 당연한 귀결이다.

　그러나 자기보다는 남을 더 생각하고, 염려하고, 사랑하는 사람에게 있어서 패배란 결코 그렇게 이상하지도, 창피스럽지도, 비겁하지도 않은 말이요 행동이다. 자기가 끔찍이 사랑하는 사람이 자기보다 여러모로 훌륭하다고 판단되는 다른 사람을 사랑하고 있다는 사실을 알게되었을 때 싸움을 포기하고 슬며시 그만두는 사람은 소설이나 영화 속에서만 아니고 현실에서도 멋진 사람이요, 이성적인 사람이요, 현명한 사람이요, 용감한 사람이다. 이렇게 판단하고 이렇게 행동하기가 어려운 것이 문제이지, 이런 사람에게 패배란 아주 지혜롭고, 현명하고, 떳떳하고 또한 아름다운 행동이다. 이런 경우 본능적인 감정에 이끌려 끝까지 자기의 욕망을 달성하려고 하였을 경우 그 결과가 어떠하리라는 것을 우리는 어렵지 않게 상상할 수 있다.

현명하고 아름다운 패배는 이처럼 한 개인을 불행이나 파멸로부터 구출하여 줄 뿐만 아니라 때로는 주위의 수많은 사람들을 불필요한 고통과 희생 그리고 죽음으로부터 구출하기도 하는 대자대비의 행동이 될 수도 있다. 역사는 우리에게 영광스런 승리와 승리자들의 이야기만이 아니고 고귀하고 아름다운 패배와 패배자에 관한 이야기도 자주 보여주고 있다.

때는 미국의 남북전쟁이 막바지에 다다른 서기 1865년 4월 19일 아침, 장소는 미국 버지니아주 애포매톡스, 당시 남군의 총 사령관 로버트 리 장군은 자신의 휘하에 있는 남군이 상대인 북군에 비하여 전쟁수행에 필요한 군수물자나 군사의 숫자에 있어서 턱없이 불리한 처지에 처하여 있다는 사실을 누구보다 더 잘 알고 있었다. 그는 자신의 휘하 장병들이 북군에 의하여 포위된 채 계속 희생자들만 늘어나게 되자 항복하기로 결정하고 북군 총사령관인 율리시즈 그랜트 장군에게 찾아가 무조건 항복함으로써 4년 계속된 처참한 내란을 종식시켰다. 당시 리 장군이 이처럼 쉽게 항복하리라고 생각한 사람은 아무도 없었다. 그는 측근 참모 몇 명을 대동하고 백기를 앞세워 예고 없이 북군의 사령부로 그랜트 장군을 찾아가 항복의 뜻을 전하였다. 그는 말에서 내려 항복의 표시로 자신의 칼을 풀어 그랜트 장군에게 바쳤다.

  승자인 그랜트 장군 역시 대단히 너그러운 사람이었다. 그는 리 장군의 칼을 받기를 사양하였고, 모든 남군 장교들로 하여금 고향에 돌아가 밭갈이하는 데 쓰라고 계속 말을 타도록 허용했다. 항복한 리 장군은 그랜트 장군에게 자기의 병사들이 지금까지 식량이 거의 없는 상태로 버텨 왔다고 말했으며, 이 말을 듣고 그랜트 장군은 즉시 남군 병사들에게 식량을 나누어주도록 조치하였다. 리 장군이 항복문서에 서명하고 다시 말을 타고 천천히 남군 장병들이 늘어선 곳에 도착하자 지금까지 충직하게 그를 따르던 병사들이 그를 둘러쌌다. 리 장군은 모자를 벗은 채 마상에 앉아 작별 인사를 하였다. "여러분!" 그는 쉽게 말을 잇지 못하였다. "여러분, 우리는 모두 이 전쟁에서 모두 용감하게 싸웠습니다. 그러나 우리는 이 전쟁에서 패하였습니다. 나는 항복하였습니다. 나는 나름대로 여러분들을 위하여 최선을 다하였습니다. 가슴속에 할 말이 너무 많아 더 말을 계속하지 못하겠습니다. 이제 모두 가족들이 기다리고있는 집으로 돌아가시오." 연설을 하는 리 장군이나 그의 연설을 듣고 있는 남군 장병들이나 모두 눈물을 흘리고 있었다.

항복이라고 해서 이처럼 꼭 패하는 쪽이 비분강개 속에 빠져야만 한다는 법도 없다. 항복도 때로는 노래와 춤이 어우러진 축제의 분위기 속에서도 이루어질 수 있다. 최근 온 세계는 놀라움과 경탄, 그리고 하느님의 뜻이 느껴지는 속에서 156년 간 영국 식민지였던 홍콩이 조용히 영국 사람들의 손을 떠나 중국 사람들의 손으로 넘어가는 모습을 우리는 모두 TV로 지켜보았다. 외견상 그것은 분명 하나의 화려한 축하요, 축제였다. 그러나 속을 들여다보면 그것은 영국에게는 부정할 수 없는 하나의 항복의식이었다. 1842년 소위 "아편전쟁"이라고 기록되는 영국과 중국과 사이의 전쟁이 중국의 패배로 끝나고 패전의 배상으로 홍콩의 지배권을 99년 간 영국에게 넘겨주었을 때, 중국 사람들로서는 참으로 받아들이기 어려운 패배의 고통과 비애를 삼키지 않을 수 없었을 것이다. 그때는 아무도 1997년 6월 30일 자정을 기하여 그동안 중국 영토 한구석에서 자랑스럽게 휘날렸던 영국 국기 '유니온 잭'이 소리 없이 내려지고, 총 한 방 쏘지 않고 세계적인 상업과 금융의 중심지로 변한 이 아름답고 거대한 도시가 엄청난 부와 함께 고스란히 중국 사람의 손으로 넘어올 때가 찾아오리라고 생각한 사람은 아마 한 사람도 없었을 것이다. 영국은 1842년 승리할 줄 알았다면 1997년에는 항복할 줄도 알았다. 중국은 1842년에 항복할 줄 알았다면 1997년에는 승리할 줄도 알았다.

살육과 약탈이 생활양식이었던 원시 야만인들에게는 항복이나 패배란 있을 수 없었다. 그들에게는 오직 싸움에 승리 아니면 죽음만이 있었다. "항복을 하면 목숨만은 살려준다."는 말이 생겨난 것은 인간이 지구상에 생겨난 후 인지가 많이 발달한 뒤의 일이다. 그 전에는 무조건 죽였다. 항복이라는 말과 행위가 생겨나고, 받아들여지고, 통용되기 시작한 것은 인류 역사를 돌이켜 보면 그 역사가 아주 짧다. 항복은 대단히 문명화된 말이요 행동이다. 상대방에게 항복하는 일이나, 상대방의 항복을 받아들이는 일은 대단히 이성적인 행위다.

그러나 우리의 잠재의식 저 밑바닥에는 아직도 항복하면 죽는다는 원시적 피해의식이 아직도 엄연히 도사리고 있다. 그럴 이유도 없고 그럴 필요가 없는데도 불구하고 버텨야 한다, 계속 싸워야 한다, 이번에 패하면 끝장이다, 항복하면 안 된다, 죽을 때까지 싸워라, 하는 식의 절박한 동물적인 생존본능이 아우성치고 있다. 일류대학도 나왔고, 만인이 모두 우러러보는 판사의 경력도 있으며, 현재 국회의원으로서 대통령 후보에까지 올라 갖출 것 다 갖추고 누릴 것 다 누리는 이인제 씨도 대통령이 되어보겠다는 욕망 앞에서는 예외가 아니다. 와이셔츠에 넥타이만 매었다고 모두 문명인은 아니다.

이제 우리도 승리나 성공만이 아니고 패배나 실패에도 좀더 긍정적인 의미를 부여하고, 패배의 가치를 인정하고 이해할 때가 되었다. 어둠이 있기에 밝음이 있듯이, 패배의 아픔이 있기에 승리의 기쁨이 존재할 수 있다. 승리와 패배는 동전의 양면이며, 알고 보면 둘이 아니고 하나인 것이다. 다행히 우리는 이제 승리한다고 다 얻는 것도 아니요, 패한다고 다 잃는 것도 아닌 그런 문명시대에 살고 있다. 지금까지 우리는 끈질기고 줄기차게 싸우고 투쟁하여 승리하고 성공한 사람은 너무나 많이 보아왔다. 이제 깨끗이 항복하고 아름답게 패배한 사람들을 찾아 우리의 시선을 돌릴 때다. 앞으로 이 나라를 이끌고 나가겠다는 정치지도자들이 이인제 씨처럼 맹렬하고 줄기차게 싸워 이기려고만 들고 깨끗이 아름답고 우아하게 패배하는 모습을 보여주지 못하는 한, 또 이런 사람들의 구차한 변명이 통하고 정당화되는 한, 그리고 무엇보다도 정해진 경기의 룰을 스스로 지키지 않는 파렴치한 행위가 시간이 흘렀다고 해서 시민들의 기억에서 쉽게 지워지는 한, 이 나라의 민주주의는 계속 더러운 진흙탕 속에서, 구태의연한 얼굴들의 수렁 속에서, 고물이 되어 못 쓰게된 생각과 고집 속에서 헤어나지 못하고 계속 허우적거릴 것이다. (1997년 8월)

롱펠로

　롱펠로라는 시인과 그가 쓴 몇 편의 시는 언제부터인지는 몰라도 우리에게 아주 친숙하다. 대학에서 영문학을 전공한 사람이 아니더라도 이 시인이 쓴 "인생찬가"나 "화살과 노래", "우리 마을 대장장이"와 같은 시들은 많은 사람들에게 알려져 있으며, 변함없는 사랑을 받고 있다. 역자인 나도 이처럼 나도 모르게 롱펠로를 좋아하게 된 수많은 사람들 중의 한 사람이다. 내가 롱펠로와 처음 만난 것은 고등학교 2학년 때 영어교과서에서 읽은 "우리 마을 대장장이"라는 시를 통해서였다. 나는 이 시에 나오는 대장장이의 소박한 삶의 모습에 무한한 감동을 느꼈으며 이런 시를 쓴 롱펠로라는 시인에 홀딱 반해 버렸던 것이다. 그 후 나는 이런 문학의 세계가 좋아 영문학을 전공하게까지 되었다.

전공이 영문학이다 보니 그 후 수많은 위대한 시인들이 제각기 다른 모습으로 나의 앞에 나타나서 나를 얼리고 유혹하였다. 이런 저런 다른 시인들에게 정신을 팔다 보니 한동안 나는 나도 모르게 롱펠로를 떠나 멀리 이곳 저곳을 여행을 하게 되었다. 그러나 이번의 번역과 주해 작업을 하는 동안 나는 다시 롱펠로를 만나게 되었다. 고향을 떠난 사람이 오랜 방랑 끝에 다시 고향을 찾아온 기분이다.

　롱펠로는 쉽고 분명한 말로 깊고 심오한 사상과 진리를 노래할 줄 아는 시인이었다. 롱펠로 시를 번역하면서 그동안 잠시나마 헛된 문학이론에 휘말려 나의 순수하고 직관적이었던 문학적 감상력을 둔화시켰음을 후회하였다. 그리고 이것을 계기로 다시 꿈 많고 순진했던 나의 옛 문학세계로 되돌아오게 됨을 고맙게 생각한다.

　번역을 함에 있어 영어의 의미와 어감이 최소한의 손상만을 입고 독자에게 원시나 다름없이 우리말로 전달될 수 있도록 하기 위해 노력했지만 결과는 만족스럽지 못하다. 누가 언제 하더라도 번역에는 항상 손실이 발생한다. 그러나 더 좋은 번역이 나올 수 있다는 가능성이 항상 존재하기에 번역은 계속된다. 여기에 또 번역의 매력이 있다.

(1987년 9월)

테니슨

　〈혜원출판사〉에서 어려운 사정에도 불구하고 전 세계의 대표적인 시인을 모두 망라하는 번역시집을 내기로 결정하고 나에게도 한 사람 고르라고 하였을 때 나는 얼른 미국 시인 롱펠로를 선택하였다. 그리고 나서 시인의 명단을 죽 읽어 내려가다 나의 시선은 테니슨에서 머무르게 되었다. 또 욕심이 생겼다. 평소에 테니슨을 대단히 좋아하고 있는 나로서는 이 시인을 다른 사람에게 넘겨주기가 싫었다. 테니슨 시의 번역을 누가 맡았는지 담당자에게 물었더니 아직 미정이라고 했다. 그러면 내가 맡아도 되겠느냐고 물었다. 좋다는 말이 떨어지는 순간 나는 대단히 흥분하였다.
　이제 약속된 시간이 다되어 번역된 원고를 출판사에 넘겨주면서도 그때의 흥분은 잊을 수가 없다. 그 동안 언제 이 일을 했는지 나 자신도 잘 알 수가 없다. 대개 번역 일이란 기한이 지나 독촉을 몇 번 받고서도 질질 끌기가 일쑤인데 이번 테니슨 시의 번역은 그렇지 않았다. 하루에 한 편씩 그것도 가장 조용한 시간에 안정된 마음으로 해 나갔다. 하기 좋아서 하는 일이라 힘도 들지 않았다.

여기서 힘이 들지 않았다는 말은 테니슨의 시를 우리말로 옮기는 작업이 결코 용이하다는 말은 아니다. 어려운 일이다. 거의 불가능한 일이기도 하다. 시인 중에 시인이었던 테니슨은 영어의 소리에 유달리 민감했던 시인이었다. 예를 하나만 들어 그의 "The Brooks"(시냇물)라는 시에 나오는 "Men may come and men may go, / But I go on for ever."와 같은 구절은 "사람들은 오고 사람들은 가지만, / 나는 영원히 흘러가네"라고 옮길 수는 있다. 그러나 그것이 어디 원시의 재잘거리며 흘러가는 개울물 소리가 가져다 주는 아기자기한 맛을 살릴 수 있단 말인가?

이렇게 따지면 나의 번역은 번역이라기보다는 시인 테니슨의 아름답고 힘찬 시를 엉망으로 만들어 놓은 부끄럽고 뻔뻔스런 일이라 하겠다. 독자들은 부지런히 영어 공부를 하여 가능한 한 나의 번역문보다는 영어로 된 그의 시를 찾아 읽게 되기를 간절히 바라면서 부끄러운 붓을 놓는다.

(1973년 7월 25일)

평화의 소

    1997년은 심상치 않은 조짐과 함께 시작되었다. 새해에 대한 낙관적인 전망이나 희망에 찬 기대감은 현저하게 줄어든 반면, 어려운 시간이 우리를 기다리고 있다는 어두운 예측과 예언들이 새해 벽두부터 꼬리를 물었다. 무엇보다도 지난해 말로 기록된 엄청난 액수의 무역수지 적자는 지금까지 그 유례가 없이 큰 것으로서 앞으로 우리나라가 처할 경제적 난국을 예고하는 가장 정확하고도 불길한 숫자요 지수였다. 아니나 다를까 새해가 밝자마자 기업체들은 우리나라 산업발전 역사상 최초로 소위 "화이트칼라", 즉 넥타이 매고 일하는 고급학력의 회사원들을 대량으로 해고하기 시작하였고, "블루칼라" 근로자들을 무더기로 해고시킬 수 있는 근거를 마련한 새로운 노동법이 천신만고 끝에 야당의 필사적인 반대를 무릅쓰고 국회를 통과하였으며, 생존에 위협을 느끼게 된 근로자들은 이에 맞서 이 법의 실시를 반대하고 저지하기 위하여 전국 규모의 총파업을 선언하였다. 이들 가운데 상당수가 이미 거리로 뛰쳐나와 격렬한 시위를 벌리기 시작하였고, 이들을 해산시키기 위하여 경찰은 최루탄을 터뜨리기 시작하였다.

설상가상으로 지상낙원으로 자칭해 온 이웃 북한에서는 어찌된 영문인지 대규모 기근이 발생하여 수만 명의 어린이들이 이미 기아로 사망하였다는 보도와 함께 앞으로 수백만 명의 아사자들이 더 발생할 것이라는 우울하고도 참담한 소식이 전해지고 있으며, 이런 외신보도를 접하고서도 우리는 묵묵히 팔짱만 끼고는 그 참상을 바라만 보아야 하는 답답한 처지에 처하게 되었다. 그 동안 30여 년이 넘게 계속되어 온 "군사독재"에 종지부를 찍고 소위 "문민정부"의 출범과 함께 시작되었던 달콤하고 부푼 꿈은 불과 4년이 지난 지금에 와서는 한갓 허탈하고 씁쓸한 환멸만 가져다주고는 끝나 가고 있다. 참으로 1997년, 계축년, "소의 해" 정월은 이처럼 우울하고 불만스런 분위기 속에서 지나가고 있다.

이런 와중에도 검은 구름의 틈바구니를 비집고 새어나오는 한 줄기의 찬란한 햇빛과도 같은 신선한 뉴스가 하나 있었다. 깜깜한 밤중 방향을 잃고 어쩔 줄 몰라 하는 선원들에게 언덕 위에서 빛나는 등대 불과도 같이 이 뉴스는 나에게 희망과 용기를 주었으며, 평소 내가 유지하고 있는 세계관과 인간성에 대한 희망적이면서도 낙천적인 신념을 되찾게 만들어 주었다. 이 뉴스는 비록 대단한 것은 아니었지만 잠시나마 인간성 자체와 인류 전체의 장래에 대한 실망감과 회의에 빠져 있던 나를 구출해주기에 충분할 만큼 신선하면서도 독특한 것이었다. 그것은 추위 속에서 굶어 죽어 가는 한 마리의 소를 구출하였다는 뉴스 보도였다.

소 한 마리를 구출했다? 그것도 뉴스인가?

소 구출작전의 암호명은 "올빼미 작전". 전투복에 검정으로 얼굴을 위장한 8명의 해병용사와 1명의 수의사로 구성된 특공대는 정확하게 1월 17일 낮 12시 30분, 무전기를 휴대하고 두 개의 상륙용 고무 보트에 나누어 타고는 김포(金浦)에서 북쪽으로 약 500미터 떨어진 곳에 위치한 유도(留島)라는 조그만 무인도를 향하여 알려지지 않은 군사기지를 떠났다. 단 인명 살상용 화기는 일체 휴대하지 않은 채로. 이 특공대의 임무는 섬에 버려져 굶어 죽어가고 있는 황소 한 마리를 생포하여 기지로 데려오는 일이었다. 이들이 섬에 상륙하였을 때 황소는 갈대 숲 속에서 마른풀을 뜯어먹고 있었다. 이들은 이 황소를 잠들게 하는 총탄을 발사하여 마취시킨 후 안전하게 출발지점으로 데리고 왔다. 작전완료. 정확하게 오후 2시. 사상자 없음.

구출된 황소의 상태는 엉망이었다. 먹지를 못하여 체중은

150kg 정도로 줄어들었으며, 몸은 온통 상처투성이였다. 다리 하나는 심한 상처를 입고 있었으며, 상처 부위는 곪아서 피고름이 흐르고 있었다. 이 황소는 일단 인천에 있는 검역소로 보내져 약 한 달 간에 걸쳐 필요한 검사와 치료를 받은 후, 김포에 특별히 마련된 우리에서 얼마 동안 일반 사람들에게 공개된 뒤, 휴전선 근처에 위치한 "평화의 마을"에 있는 농장에서 늙어 죽을 때까지 군인들이 돌보아 주기로 되어 있다고 한다. 이 구출된 황소는 김포 시장(市長)에 의하여 정식으로 "평화의 소"로 명명되었다.

처음으로 이 황소가 이 섬에 표류하여 살고 있는 모습이 관찰자들에게 포착되어 신문과 텔레비전에 사진과 함께 보도된 것은 이 구출작전이 있기 약 2주일 전이었다. 처음에는 두 마리였으나 아무런 조치가 취해지지 않은 채 시간이 흐르자 한 마리는 곧 보이지 않게 되었다. 인간의 어떤 도움이 없이는 이 추운 겨울 그곳에서 나머지 소 한 마리 역시 굶어 죽는 일은 시간문제였다. 지난여름 홍수가 이 지역의 농장을 휩쓸었을 때 떠내려간 수많은 가축들 가운데 이 두 마리가 살아남아 이 섬에 상륙한 모양이었다.

우리 한반도에 살고 있지 않는 다른 나라 사람들은 우리가 이처럼 곤경에 처한 소 한 마리를 놓고 벌인 소동을 보고는 크게 웃을 것이다. 그런 일이 있으면 뜻있는 사람이 그곳에 들어가 소를 끌고 나오면 될 일이지 무슨 군사작전이란 말인가? 백 번 맞는 말이지만 우리의 사정이 그럴 수밖에 없다는데 우리의 비극이 있다. 우리에겐 그 일이 그처럼 간단한 일이 아니기 때문이다. 최악의 경우 전쟁이 날 수도 있는 문제이기도 하다. 이 소가 발견된 그 작은 무인도는 소위 비무장지대(DMZ)에 속하는 "중립해역"에 위치하고 있으며, 1953년 6.25전쟁이 끝나면서 체결된 정전협정에 의하면 남북 어느 편도 상호동의나 허가가 없이는 그 섬에 발을 들여놓지 못하게 되어 있다. 다시 말해서 이 보잘것없는 작은 섬은 남과 북이 가장 가까운 거리에서 군사적으로 첨예하게 대결하고있는 남북의 대결의 첨단이며, 동시에 이 지구상에서 가장 위험한 분쟁지역 가운데 하나이다.

우리는 북한당국에 이 황소를 공동으로 구출하자는 의사를 사전에 전달하고 그들의 협조를 요청하였다고 전해진다. 이 소를 남북한 공동으로 그 섬에서 사육하는 것이 어떠냐는 제안도 하였다고 한다. 만약에 이와 같은 우리의 제안을 북측에서 수락하였다면 아마도 이 소는 "소의 해"를 맞이한 한국 사람들에게는 더할 나위 없이 이상적이며 동시에 상징적인 동물이 되었을 것이다. 한 민족 한 나라가 어이없이 둘로 갈라져 불화와 반목 속에 살아온 지난 반세기만에 공허한 백 마디 말로서가 아니라 평화와 화해의 길로 들어서는 하나의 작지만 구체적인 행동이요 증거이기 때문이다. 이 소가 그 섬에서 남한과 북한 사람들의 돌봄에 의하여 평화롭고 자유롭게 살아 있는 한 우리 한반도의 평화는 정전협정이나, 군사분계선 또는 비무장지대에 의해서가 아니고, 이 말 못하는 동물에 대한 사랑과 걱정에 의하여 유지되고 보호될 것이기 때문이다. 불행하게도 북한 당국은 우리의 제안에 대하여 아무런 회답을 보내 오지 않았으나, 다행스럽게도 이들은 우리의 소 구출 작업을 방해하지도 않았다.

   나는 이번 사건을 계기로 고통에 처한 불쌍한 한 마리의 소의 생명에 우리가 이처럼 커다란 관심을 갖게 된 때 이 나라에 살고 있다는 사실이 기쁘고 자랑스럽다. 물론 이번 사건과 관계없이 이미 동물을 사랑하고 보호하는데 헌신하고 있는 개인이나 단체가 많이 있다는 사실을 나는 잘 알고 있다. 그럼에도 불구하고 이번에 있었던 황소 구출작전은 그 성격과 성질에 있어서 특이하며 신선하다. 이번 일은 인명의 손실이나 손상을 무릅쓴 작업이었으며, 크건 작건 우리가 바라지 않는 남북 간의 무력충돌 가능성도 결코 배제할 수 없는 위험이 도사린 조치였다. 그리고 이 소 구출작전은 우리의 먹고사는 일을 위협하는 근로자들의 총파업이라는 국가적 위기상황에 온 국민들의 시선과 관심이 집중되고 있는 상황에서 있었다.

   이런 경황에 무인도에 버려진 소 한 마리의 생명을 구한다는 명분이나 당위성은 손쉽게 묵살되거나 무시될 수밖에 없는 사치스런 것일 수도 있었다. 그럼에도 불구하고 우리는 추위와 굶주림 속에서 혼자 죽어 가는 불쌍한 소의 울음소리를 들었고, 듣고는 가만히 있지 않고 행동을 취하였다. 누군가가 아파서 울고 있는데 그 울음소리를 못들은 체하고 자기만 따뜻한 잠자리로 들어가 편안히 잠을 이룰 수 없었기 때문이었다.

참으로 우리 인간은 모순적인 존재이며 우리 인간의 삶 또한 모순 덩어리이다. 우리는 우리의 삶을 위하여 매일 수천 마리 아니, 수만 마리의 소를 아무런 거리낌없이 죽이고 있다. 이런 상황에서 한 마리의 소를 살려낸다는 것이 무슨 의미가 있겠느냐는 회의도 생겨날 수 있을 법도 한데, 우리는 커다란 위험을 무릅쓰고 구출된 한 마리의 소를 바라보면서 무한한 감동과 기쁨을 느낄 수 있었다. 지진이나 홍수, 전쟁이나, 기타 대형사고에 의한 수백 명, 수천 명, 내지 수만 명의 인명 살상이나 사망에도 불구하고 실망하거나 좌절하거나 포기하지 않고 우리는 단 한 명의 생명을 더 구해 내기 위하여 나선다. 여기에 우리 인류의 장래가 있다고 나는 믿는다. 한 생명에 대한 사랑과 애착 그리고 존경심이 결국 인류 전체를 구하는 일이기도 하다.

나는 결코 우리가 지금까지 노력하여 이룩한 물질적인 부와 풍요가 결코 우리의 인간성을 조금이라도 더 개선하였다고는 보지 않는다. 그러나 이 황소 구출상황을 텔레비전을 통하여 바라보면서 역시 우리에게도 변한 것이 있구나 하고 느졌다. 만약에 이런 일이 불과 얼마 전 우리 모두가 배고픔에 허덕이던 때에 발생하였더라면 우리의 태도는 달랐을 것이다. 이번에 북한이 보여준 태도와 같이 아무런 조치를 취하지 않은 채 그 소를 그곳에 내버려두거나, 아니면 구출 작업을 펼쳤다 하더라도 그 목적은 십중팔구 우리의 허기진 배를 채우기 위한 것이었을 것이다. 이번 우리가 한 마리의 말 못하는 동물의 구출작전에서 보여준 정신과 행동은 머지않아 때가 오면 좀더 자발적으로 그리고 효과적이고도 능률적으로 현재 북한에서 기아로 고통받고 있는 우리의 형제자매들을 구출하는데도 나타날 것을 나는 확신한다.

(1997년 2월)

기적

낙원

시카고 이야기

캘리코에서

기적

    지난 여름 있었던 캐나다 서북부 관광여행 삼 일째 되던 날 오후 가이드가 다음에 찾아가 볼 곳은 북미대륙에서 가장 유명한 카톨릭 성당이라고 말하였을 때 나는 별로 흥분하지 않았다. 기독교도도 아닌 데다가 큰 성당은 이미 나는 볼만큼 보았다고 나름대로 생각하고 있었기 때문이었다. 이태리 로마 바티칸에 있는 베드로 대성당을 비롯하여, 프랑스 파리의 노틀담 성당, 이태리 피렌체에 있는 두오모 대성당 등을 이미 둘러보았기에 성당하면 어떤 것인지 충분히 짐작하고도 남았다. 날씨는 무척이나 더운데 우리가 찾아갈 성당은 꽤나 높은 산꼭대기에 우뚝 서 있었기 때문에 거기까지 걸어서 간다는 것이 싫었다. 그렇다고 일행에 뒤떨어져 혼자 버스 속에 우두커니 기다리고 앉아 있을 그런 용기도 없었기에 그저 대강대강 훑어보고 남보다 먼저 기다리고 있는 버스로 돌아오리라 마음먹고는 일행을 따라 나섰다.

그런데 이 성당을 한 바퀴 도는 동안 나의 마음이 변했다. 외모로 보아서 캐나다 몬트리얼 로얄 마운틴 정상에 위치하고 있는 이 '성 요셉 성당'은 둥근 지붕을 한 전형적인 이탈리아 르네상스식 건물이었으며, 이 교회의 원형 돔은 로마 바티칸에 있는 '성 베드로 대성당'의 돔 다음으로 세계에서 두 번째로 큰 것이라고 하였다. 그리고 이 성당에는 매년 전 세계에서 약 200만 명 이상의 순례자들이 찾아온다고 하였다. 그런데 약속된 시간이 훨씬 지나도록 나를 이 성당에 서성이게 만들어 이미 버스에 올라앉아 버스의 출발만을 기다리고 있는 다른 사람들을 잔뜩 성나게 만든 것은 이 교회의 돔의 크기도 아니었고 이 성당을 방문하는 방문객들의 숫자도 아니었다.

나의 시선을 끈 것은 성당 여기저기에서 볼 수 있었던 수백, 아니 수천 개에 이르는 지팡이와 목발이었다. 어째서 성당 안에 이런 것들이 쌓여있을까 하는 나의 호기심은 이 목발들이 이곳에 찾아와 안드레 수사를 만난 사람들이 버리고 간 것들이라는 사실을 알게 되는 순간 하나의 신비스런 경험으로 바뀌었다. 다시 말해서 이 목발들은 안드레 수사에 의하여 이루어진 기적적인 치료의 증거물 가운데 하나였다. 그런데 이런 기적의 이야기가 성경 속에 있는 이야기가 아니고 불과

수십 년 전 바로 이곳에서 일어난 사실이니 아무리 둔한 마음의 소유자인 나로서도 쉽게 성당을 떠날 수가 없었다. 내가 여행에서 돌아와 몇 달이 지난 지금 가만히 있지 못하고 이처럼 붓을 들어 새삼 이 이야기를 다시 하게 된 이유는 이 이야기가 좋은 이야기이기 때문이다. 좋은 이야기는 두 번 들어도 해롭지 않다. 아니 몇 번을 들어도 몸에 좋다.

그렇다면 안드레 수사는 과연 어떤 사람인가? 그는 1845년 캐나다 몬트리얼 근처에 있는 조그만 마을에서 열두 자녀들 가운데 여덟째로 태어났다. 아버지의 직업은 산에서 나무를 베어 마차바퀴를 만드는 목수였다. 이들은 비록 가난하였지만 화목한 가정이었으며, 부모들은 자식들 하나하나를 하느님이 보내준 귀한 선물로 생각하고 사랑하였다. 자녀들은 어려서부터 어려운 집안 살림을 돕기 위하여 제각기 노력하였다. 그러나 불행하게도 안드레는 태어날 때부터 몸이 너무나 허약했다. 너무나 허약한 나머지 그의 부모들은 그가 태어나자마자 즉시 세례를 받도록 하였으며, 그이 세례명은 알프렛이었다. 알프렛에 대한 어머니의 각별하고 지극한 정성과 보호가 없었더라면 그는 어린아이 시절을 채 넘기지 못하고 죽었을 것이다.

알프렛이 아홉 살 되던 해 그의 아버지가 불의의 사고로 죽었다. 숲 속에 들어가 일하는 도중 넘어지는 나무에 깔려 죽은 것이다. 어머니는 어떻게 해서든지 자식들을 혼자서라도 키우려 했지만 너무나 힘든 나머지 폐결핵에 걸렸다. 할 수 없이 어머니는 자식들을 분산시켜 이 집 저 집 친척들에게 떠맡기는 수밖에 없었다. 끝까지 자기가 데리고 있기로 한 자식은 알프렛 하나뿐이었다. 몸이 허약한 알프렛은 누구에게도 아무런 쓸모가 없을 것이라는 사실을 어머니는 누구보다도 잘 알고 있었다. 어머니는 폐결핵을 극복하느라고 무척 애썼지만 결국 43세를 넘기지 못하고 죽었다. 알프렛은 12살.

홀로 남게 된 알프렛은 그때부터 살기 위하여 이것저것 손에 닿는 대로 어떤 일이고 해보았다. 농장일, 여관집 심부름꾼, 마부, 빵 굽는 일, 구두 수선, 땜장이 일, 대장간 일 등 안 해본 일이 없었으나 몸이 허약하였기 때문에 모두 실패였다. 한때 그는 공장 노동자로 미국으로 건너가 4년을 보내기도 하였다. 미국에 가서도 임금이 높은 공장 일은 몸이 허약해서 하지 못하였다.

외롭고 불쌍한 알프렛에게는 어려서부터 남이 모르는 신앙심이 있었다. 그는 기도 속에서 무엇에 비할 수 없는 위안을 얻고 있었다. 그의 성 요셉에 대한 정성은 대단하였다. 그렇게도 많은 일에 손을 대고도 실패하였지만 그는 그의 아버지로부터 예수의 아버지 성 요셉에 대한 믿음을 물려받았으며, 항상 자기는 성 요셉의 특별한 보호를 받고 있다고 믿고 있었다. 그는 항상 말하기를, "나의 아버지는 요셉처럼 목수였다. 요셉은 틀림없이 나에게 알맞은 일감을 찾아주실 것이다."

미국에서 약 4년을 보내고 다시 고향으로 돌아왔을 때 알프렛은 22살이었다. 고향 마을에서 알프렛을 반겨준 사람은 알프렛이 태어났을 때 세례를 맡아준 마을 성당의 안드레 프로방살 신부였다. 알프렛에 대하여 누구보다 잘 알고 있는 안드레 신부는 알프렛이 고향으로 돌아온 것에 대하여 반가워했으며, 특히 그동안에 알프렛의 신앙심이 흔들리거나 깨어지지 않았고 오히려 아주 성숙하여진데 대하여 기뻐하였다. 그는 알프렛에게 수사가 되기를 권하였다.

"신부님, 저는 아시다시피 글을 읽을 지도 쓸 줄도 모르지 않아요. 글도 모르는 내가 어떻게 수사가 되겠어요?" 알프렛은 수사가 되기를 간절히 바라고 있었지만 수사회에서 자기를 받아주지 않을 것을 잘 알고 있었다.

"글 같은 것 몰라도 괜찮다. 너는 기도를 할 수 있지 않느냐?" 안드레 신부는 알프렛을 몬트리얼에 있는 '성십자가 수사회'(Holy Cross Brothers)에 강력하게 추천하였다. 그의 추천문 가운데 마지막 줄은 다음과 같다. "나는 지금 당신들에게 성자 한 사람을 보내니 그리 아시오."

알프렛이 25세가 되던 해 일 년 간의 예비수사 기간을 거쳐 그는 마침내 정식으로 수사회의 일원이 되었다. 그는 자기를 추천하여준 마을 성당 신부의 이름을 따 자기 이름도 안드레로 바꾸었다. 예비수사로서 그가 한 일은 복도의 물걸레질을 하는 일과 청소, 그리고 다른 사람들의 잔심부름을 하는 일이었다. 그가 이런 일을 하는 동안 보여준 성실함과 근면함은 남의 모범이 되고도 남는 일이었다. 그가 정식으로 수사가 된 후 얻은 자리는 그 수도회가 설립, 경영하는 노틀담 대학의 수위였다. 이 자리에 그는 그 후 40년을 근무하게 된다.

말이 수위지 하는 일은 예비수사 시절의 연속이었다. 학교의 청소, 시설물의 점검과 보수, 사람들을 맞이하고 안내하는 일, 학생들 기숙사를 돌며 이런 저런 잡다한 심부름과 우편물, 세탁물 등을 전달하는 일이었다. 그는 학생들의 이발도 해주었다. 이런 일을 하는 가운데 필연적으로 안드레는 학생들을 비롯한 마을 각계각층의 사람들과의 접촉이 있어야 했다. 안드레 수사는 이런 일들을 하면서 지금까지 느껴보지 못한 마음의 평온과 행복을 얻은 데 대하여 항상 감사하고 기뻐하였다.

안드레 수사는 그가 기거하는 협소한 사무실 유리창틀에 언제나 조그만 성 요셉의 동상 하나를 항상 로얄 마운틴의 정상을 향하도록 세워놓았다. 사람들이 그 이유를 물을 때마다 그는 대답하였다. "언젠가 성 요셉은 저 산 위에서 특별한 방법으로 크게 존경받게 될 것입니다."

안드레 수사의 신비스런 힘이 나타나기 시작한 것은 그가 수위로서 노틀담 대학에 근무하기 시작한지 약 5년이 되던 해부터였다. 어느 날 안드레 수사는 학교 위생실에 몸에 열이 몹시 나서 누워있는 학생을 방문하게 되었다. 그는 누워있는 학생에게, "여봐, 이 게으름쟁이 젊은이, 누워있지 말고 일어나 나가 놀게!"라고 말하였다. 처음 이 말을 듣고 학생은 머뭇머뭇 하더니 실제로 자리에서 일어나 운동장으로 나갔다. 이 소문이 퍼지자 대학당국은 안드레 수사를 불러 크게 나무랬다. "안드레 수사, 저 학생은 환자요, 환자. 병이 악화되면 어찌하려고 그러시요?" 안드레 수사는 자기에게 주의를 주는 상사에게 간곡하게 요청하였다. "의사를 불러 한번 저 소년을 검진하도록 해보십시오. 제가 저 소년의 병을 고친 것이 아니고 성 요셉이 고쳐주었으니까요." 마침내 의사가 와서 소년을 진단하였다. 자세한 검진이 끝난 후 의사는 말하였다, "이 학생은 환자가 아닙니다. 아주 건강합니다." 이것은 앞으로 안드레 수사가 임종시까지 약 60여 년에 걸쳐 계속된 크고 작은 기적적인 치료의 시작이었다.

　안드레 수사의 이와 같은 기적적인 치유능력이 세상에 알려지기 시작하면서 그가 수위로 근무하고 있는 노틀담 대학에는 각종 환자들이 모여들기 시작하였다. 처음에는 한 사람 두 사람 찾아오기 시작하더니 이제는 수십 명, 아니 수백 명씩 한꺼번에 몰려오기 시작하였다. 학교의 운동장은 물론 교실, 복도 등이 모두 안드레 수사를 만나보겠다는 환자들로 가득 차게 되었다. 학부모들은 자기들의 자녀들 주위에 환자들이 있다는 사실에 크게 불안해하였으며, 이런 사태가 계속되면 자녀들을 전학시키겠다고 위협하였다. 의사들은 의사들대로 안드레 수사를 엉터리 치료행위를 하는 돌팔이라고 몰아 붙였으며, 심지어 사직당국에 고발하겠다고 나섰다. 이런 와중에서 안드레 수사를 가장 가슴 아프게 만든 사람들은 자기를 의심스런 눈으로 바라보는 동료 성직자들이었다.

마침내 안드레 수사에게는 더 이상 환자들을 만나지 말라는 명령이 떨어졌다. 안드레 수사는 물론 명령에 복종하였다. 그러나 환자들은 그렇지 않았다. 계속해서 몰려왔다. 수사회 지도부에서는 한때 안드레 수사를 몬트리얼에서 아주 먼 곳으로 전근을 시켜보려는 계획도 아주 구체적으로 수립되었지만 마지막 순간에 몬트리얼 대주교에 의하여 무산되었다. "안드레 수사로 하여금 자기 일을 계속하도록 하라. 그 일이 진정 하느님의 일이라면 계속될 것이요, 그렇지 않은 것이라면 얼마 못 가서 제풀에 중단될 터이니까." 평소 대주교는 항상 명령에 따르는 안드레 수사를 잘 알고 있었다.

해결책은 결국 산 위에 있었다. 안드레 수사는 노틀담대학 부지인 로얄 마운틴 언덕 경사면에 조그만 목조 성당을 하나 새로 짓고 거기에 환자들을 맞이하겠다는 제안을 하였으며 성십자가 수도회가 이 제안을 받아들임으로써 대학 당국은 그동안 35년 만에 몰려드는 환자들로부터 해방되었다. 순전히 안드레 수사 혼자의 힘과 그의 능력을 믿고 따르는 몇몇 사람들의 헌신적인 노력에 의하여 환자를 맞이할 새로운 장소가 산 위에 마련되었다. 이곳에서 안드레 수사는 매일 평균

10시간씩 환자를 돌아보았으며, 한 시간에 약 30명에서 40명의 환자를 접견하였다.

치료된 사람들도 있었지만 치료되지 못한 사람들이 더 많았다. 그러나 분명한 사실은 천리 만리를 불편한 몸을 이끌고 찾아와 오랜 시간 고통 속에서 지루하게 기다린 끝에 잠깐 안드레 수사를 만나 그의 손을 잡고 그의 축복의 말을 들은 사람들은 하나처럼 훨씬 더 기분이 좋다고 느꼈으며 고통도 덜 느끼게 되었다는 것이다. 본시 허약하게 체질을 타고났으며 유달리 감수성이 예민하였던 안드레 수사로서는 매일같이 수백 명의 고통받는 환자들을 만난다는 것이 육체적으로나 정신적으로 너무나 커다란 짐이었다. 환자를 만나 그들의 이야기를 듣는 안드레 수사의 눈에서는 눈물이 마를 날이 없었으며, 샘솟듯 솟는 눈물은 그의 주름진 두 뺨을 타고 줄줄 흘러내렸다.

안드레 수사에게는 하나의 큰 꿈이 있었다. 그것은 어린 시절부터 자기에게 무한한 위로와 사랑을 베풀고, 돌보아주고, 이런 엄청난 능력을 부여하여 준 성 요셉을 위하여 모든 몬트리얼 사람들이 볼 수 있는 로얄 마운틴 꼭대기에 그의 권능에 걸맞은 집을 하나 짓는 일이었다. 안드레 수사의 주장이 받아들여져 시작된 이 성당의 건축은 그 규모가 너무나 크고 또 들어가는 비용도 생각했던 것보다는 엄청났기 때문에 몬트리얼 대주교를 비롯한 고위 성직자들은 차츰 공사의 완공에 회의를 느끼거나 의구심을 표시하였다. 그러나 안드레만 은 변함 없이 항상 결과를 낙관하였다. "나는 아마 나의 생전 에는 이 성당의 완성을 보지 못할지도 모릅니다. 그러나 이 성당은 완성됩니다. 어차피 이 공사는 나의 공사가 아니고 성 요셉 자신의 일이니까요."

이 성당의 공사는 당시 전 세계에 몰아닥친 '경제공황'의 여파로 헌금이 들어오지 않아 몇 년 간 중단 사태를 맞이하였 다. 1936년, 안드레 수사가 죽기 바로 1년 전, 마침내 성십자 가 수도원 간부들이 모여 이 공사를 계속할 것인가 아니면 영 구히 포기할 것인가를 결정하는 중대한 회의가 열렸다. 91세 의 안드레 수사도 참석하였다. 안드레 수사는 아직도 성당의 완공에 대하여 이런 의구심을 가지고 있는 성직자들의 나약 함에 속으로 크게 놀라고 속이 상했지만 그는 태연히 항상 유 지하던 그의 태도를 지키면서 조용히 말하였다. "이 일은 우 리의 일이 아닙니다. 성 요셉이 하는 일이지요." 그리고 안드 레는 무슨 생각에서인지 다음과 같은 말을 덧붙였다. "지금 공사 중인 건물 가운데에다 성 요셉의 동상을 하나 세워 놓으 시오. 성 요셉이 비가 맞기 싫다면 틀림없이 그는 머리 위에 스스로 지붕을 만들어 덮을 터이니까요." 다급해진 사람들은 실제로 안드레의 말대로 하였다. 그로부터 2개월이 지나자 그동안 들어오지 않던 헌금이 다시 들어오기 시작하여 공사 는 재개되었다.

다음해 1월 안드레 수사의 심장에 이상이 생겼으며 곧 혼수상태로 들어갔다. 이 소식은 라디오 뉴스를 타고 몬트리얼은 물론 캐나다 그리고 북미주 전체로 퍼졌다. 병원 당국은 평소 안드레 수사가 부탁하였던 대로 대기하고 있던 환자들로 하여금 혼수상태에 빠진 안드레 수사의 병실에 입장하도록 허락하였다. 그들은 한 사람 한 사람씩 병실에 들어가 그동안 그 수많은 사람들의 고통을 달래주던 안드레 수사의 작은 손을 잡는 영광을 얻고 감격하였다. 고통을 받는 사람들의 마지막 행렬이었다. 1937년 1월 6일 오후 안드레 수사는 92세를 일기로 사망하였다. 약 백만 명의 사람들이 로얄 마운틴 언덕에 모여 안드레 수사의 서거를 애도하였으며 장례식을 지켜보았다.

"화가는 언제나 가장 작은 붓을 가지고 가장 정교하고 아름다운 그림을 그리지요."라는 말은 안드레 수사가 평소 즐겨 쓰던 말이었다. 안드레 수사는 아마도 자신의 일생을 위의 말로 요약하였는지도 모른다.

안드레 수사가 항상 말했듯이 오늘날 우리가 볼 수 있는 캐나다 몬트리얼시 로얄 마운틴 정상에 우뚝 솟아있는 '성 요셉 성당'은 안드레 수사가 죽은 지 30년 후인 1967년에 완공되었다. 그는 또 1982년 현재 교황인 바오로 2세에 의하여 '성자'로 공식 선포되었다.

(2004년 1월 30일)

낙원

"천국을 만드는 것도 마음, 지옥을 만드는 것도 마음"
―밀턴의 『실낙원』에서

낯선 나라를 처음 여행하는 사람은 누구나 그러하듯이 지난해 1월에 있었던 싱가포르 관광여행에서 나도 여러 가지 흥미롭고 진기한 것들을 보았고, 즐겼고 또 배웠다. 무엇보다 겨울 추위가 한창인 서울의 영하의 날씨에서 불과 6시간 남짓 지난 후 처하게 된 한여름의 기온은 참으로 생소한 경험이며 느낌이었다. 창이 국제공항에서부터 시내 한복판에 이르기까지 어디에서나 볼 수 있는 열대성 및 아열대성 식물들과 꽃들은 "정원의 도시"라는 이 나라의 별명 그대로였다. 싱가포르는 듣던 그대로 나라 전체가 하나의 큰 정원 내지 공원인 듯이 느껴졌다. 우리가 알고 있는 "낙원", 즉 영어의 "Paradise"란 단어가 원래 공원이나 정원 또는 과수원을 의미하는 페르샤 말에서 유래하였다는 사실을 감안하여 보았을 때 나는 글자 그대로 잠시나마 낙원에 들어선 것이 틀림없었다.

여기에 덧붙여 나로 하여금 이 사실을 더욱 실감나게 만들어준 것은 우연히도 나와 나의 일행이 묵게된 "샹그릴라"라는 호텔 이름이었다. 이 이름은 영국의 소설가 제임스 힐튼의 『잃어버린 지평선』(The Lost Horizon, 1933)이라는 한때 굉장히 유명했던 소설에서 나온 것으로 나와는 인연이 있는 이름이었다. 내가 우연히도 이 책을 손에 넣게 된 것은 지금부터 약 40여 년 전 대학에 막 입학했을 때 청계천 어느 헌 책방에서였다. 영어 실력은 없으면서도 영문과 학생이 되었으니 영어로 된 책을 읽어야지 하는 마음뿐이었을 당시 이 책이 우연히 눈에 띄었다. 손바닥만한 크기의 별로 두껍지도 않은 허름한 이 책은 뒷장 한 구석에 쓰여진 영문 이름으로 판단해 볼 때 먼저 주인이—틀림없이 당시 한국에 주둔했던 미국 군인으로 간주됨—읽고 내버린 것이 틀림없었다. 영어로 된 책이라고는 별로 없었던 당시 나는 그 표지의 그림과 제목에 끌려 헐값에 사 가지고는 모르는 단어를 일일이 사전을 찾아가며 읽었다. 아니 솔직히 말해서 영어 실력이 짧아 읽다가 말다 했다. 그 후 시간이 지나는 동안 이 소설의 등장인물이나 자세한 플롯에 대하여는 거의 잊어버렸지만 신기하게도 이 "샹그릴라"라는 단어만은 선명하게 지금까지 머리 속에 남아 있었다. 이 책은 비록 앞표지가 떨어져 나가고 중간에 몇 장이 없어진 너덜너덜한 상태이긴 하지만 버리지 않고 지금도 가지고 있다.

　소설에서 "샹그릴라"는 티베트 산 속 어느 곳 남의 눈에 띄지 않는 곳에 위치한 일종의 지상낙원으로 묘사되어 있다. 이곳의 사람들은 우리 모두가 바라는 영원한 평화를 누리며 살고있으며 늙거나 병들거나 죽지 않고 영원히 젊음을 유지하며 살고 있다. 이곳은 전쟁은 물론 현대 문명의 병폐인 어떤 복잡함이나 스트레스에서 완전히 해방된 곳이다. 소설 속에서 자신들의 의지와는 관계없이 이 이상향으로 들어 가게 된 네 명의 주인공들처럼 나도 나의 기대나 의사와는 관계없이 바로 이 지상낙원으로 들어온 셈이었다. 세상에는 호텔도 많지만 그 소리에 있어서나 뜻에 있어서 이보다 더 좋은 호텔도 없으리라 생각되었다. 내가 이 소설을 읽을 때만 하여도 나의 일생에 싱가포르 관광여행은 물론, 바로 이 이름을 가진 이처럼 화려한 호텔에 투숙하게 되리라고는 꿈에도 상상하지 못하였었다. 때때로 인생에는 소설에서처럼 신기한 일도 일어난다.

　관광객으로서 잠시 훑어 본 싱가포르라는 나라는 글자 그대로 하나의 낙원이었다. 소설 속의 "샹그릴라"처럼 상상의 이상향이 아니라 분명 지도 위에 있으며, 주권과 국토와 국민이 있고 군대도 있는 하나의 나라요 국가이다. 비록 그 크기에 있어서는 우리나라 경상남북도를 합친 정도의 아주 작은 나라이긴 하지만 이 나라는 분명 우리보다 경제적으로 부유하며, 정치적으로 안정되어 있으며, 그 환경의 보존에 있어서 훨씬 선진국이다. 평화롭고, 깨끗하며, 아름다운 나라이다. 나는 아담과 이브가 살았다는 낙원 에덴동산이 과연 어떠했는지 정확하게 상상할 수는 없지만 내가 싱가포르에서 들려본 동물원, 식물원, 주롱 새공원, 난초공원 등과 별 차이가 없으리라고 생각된다. 그리고 기온도 영하로 떨어지는 법은 없을 것이다. 낙원이 춥다는 소리는 들어본 적이 없으니 말이다. 나는 무의식중에 나도 이런 나라에 태어나 살게 되었다면 얼마나 좋을까 하고 상상도 해 보았다.

그러나 나흘 간 계속된 여행이 끝날 때쯤 되자 사계절의 특징이 뚜렷한 우리나라 기후에 익숙한 나로서는 무한정 사방에 펼쳐진 초록색 식물들과 사시사철 거의 변함이 없이 계속된다는 이곳의 한여름 일기에 싫증이 나기 시작하여 지루하다는 느낌을 갖기 시작하였다. 눈 덮인 산과 황량한 들판, 춥고 매서운 겨울바람이 몰아치는 그곳이 그리워지기 시작하였다. 나는 나에게 이미 익숙하여진 서울의 복잡한 거리와 소음들, 그리고 세상을 떠들썩하게 만드는 커다란 사고와 사건으로 가득 찬 신문이 그리워지기 시작하였다. 우리가 처해있는 어려운 국내외 현실도 별로 심각하게 느껴지지 않게 되었다. 밀턴의 『실낙원』에서 아담과 이브는 그들의 낙원 에덴동산을 울면서 (뒤돌아보고 또 돌아보면서) 떠난 것으로 되어 있다. 그러나 나는 싱가포르를 떠난 비행기가 무사히 인천공항에 착륙하자 오히려 크게 안심이 되었고 또 기뻤다.

  싱가포르에 있는 아름답고 평화스런 공원이나 정원을 거닐면서 나는 자주 아담과 이브가 살았던 에덴동산을 생각해 보았고, 그곳에서 그들의 하루하루의 생활이 어땠을까 하고 상상도 해 보았다. 나는 낙원의 생활이 무척 지루하고 재미없는 생활이었을 것이라는 생각이 들었다. 이상적으로 건설되었고, 아름답게 가꾸어져 있으며, 더할 나위 없이 능률적으로 운영되고 있는 이 공원들은 분명 난초나 나비, 새나 동물들에게 있어서는 분명 낙원에 틀림없었다. 그러나 그 속에서 사람이 영원히 산다는 것은 불가능한 일이요 견딜 수 없는 일에 틀림없었다. 그 꽃이 제아무리 아름답고 그 새가 제아무리 신기하게 생겼다 하더라도 우리 인간은 그 새나 꽃만을 무한정 바라보고 즐거워 할 수는 없다. 그곳이 제아무리 먹을 것이 풍부하고 생명을 잃거나 상처를 입을 가능성이 전혀 없는 안전한 곳이라 하더라도, 궁전이 왕이나 왕자들에게 감옥이나 다름없이 느껴지듯이, 그곳이 감옥처럼 느껴질 수 있다.

  삶이란 변화, 도전, 위험, 예측불허의 행운이나 불운, 우연 등에 항상 노출되었을 때 의미가 있다. 한 장소에 고정되었다거나, 그 안전이 백 퍼센트 보장되었다거나, 사전에 운명적으로 정하여진 삶은 엄격한 의미에서 삶이 아니다. 아무리 생각해 보아도 아담과 이브는 에덴동산에서 쫓겨난 것이 아니고 그들 스스로의 결정에 의하여 그곳을 떠났을 것이라는 생각이 들었다.

 그러나 집에 돌아와 한 삼 개월 지난 지금 나는 또 나도 모르게 자주 싱가포르에서 잠시 들려본 그 아름다운 공원으로 틈만 나면 되돌아가고 있는 나 자신을 발견하고는 놀란다. 특히 가는 비가 촉촉이 뿌리는 가운데 방문하였던 국립 난초정원의 그 아름답고, 조용하고, 평화로운 분위기는 어느덧 나의 마음속에 깊이 새겨져 눈앞에서 아른거리며 떼어버리려 해도 떨쳐버릴 수가 없다. 내 몸과 마음이 지쳐 괴롭고 힘들 때마다, 주위에서 슬프고 개탄해 마지않을 뉴스를 접할 때마다, 너무나 무섭고 끔찍하여 상상하기조차 싫은 것을 보거나 예견할 때마다, 내 마음 한구석에 어느덧 확고하게 자라잡고 있는 이 낙원은 나에게 그곳으로 돌아와 휴식과 평화, 그리고 행복을 누리라고 손짓한다.

 그런데 문제는 이 내 마음속에 터를 잡고있는 마음속의 낙원은 실제로 싱가포르에 있는 공원들처럼 견고하지 못하고 너무나 연약하고 민감해서, 호수에 고인 잔잔한 물이 바람이 조금만 불어와도 흔들리듯이, 바깥 세상에서 불어오는 세찬 바람에는 물론 내 마음속에서 일어나는 하찮은 기분과 감정에 따라 쉽게 흔들리고, 흩어지고, 깨어진다는 것이 문제이다.

  그렇지만 또 한편으로 크게 다행스런 일은 비록 쉽게 흔들리고 부서진다 하더라도 이 '마음 속의 낙원'은 평화와 행복 그리고 희망의 본래 터전을 다시 찾고, 재생하고, 복원하는 끈질긴 힘도 동시에 가지고 있다는 사실이다. 최근 나는 국내외에서 끊임없이 들려오는 참담한 비극적이고도 절망적인 뉴스 앞에서 낙원을 완전히 상실하고 얼마 동안 실망의 지옥 속에 빠져 있었다. 그런데 바로 어제 오후 유치원 앞에서 나를 발견한 여섯 살 된 손녀가 "할아버지" 하고 커다란 목소리로 외치면서 한달음에 달려와 나의 품에 안겼을 때 잃어버린 나의 낙원은 어느덧 다시 찾아와 나의 마음을 온통 차지하고 있었다. 이제부터 내가 할 일은 이 다시 찾아 온 낙원을 어떻게 해서든지 오래 붙잡고 놓아주지 않는 일이다.

(2003년 3월)

시카고 이야기

"신은 시골을 만들고 인간은 도시를 만든다."
   －윌리엄 쿠퍼 (1731∼1800)

우리가 한번 다녀온 경험이 있는 세계에서 이름난 큰 도시들은 우리의 일생에서 이런 저런 계기로 만나보거나 알게 된 훌륭한 인물들과 같다. 우리는 이런 사람들을 만나보고 싶어하고, 또 만나본 다음에는 갑자기 그 사람과 아주 가깝게 느껴지게 되고, 또 그 감격스런 경험을 혼자 간직하기 어려워 누구에게 자랑스럽게 이야기하고 싶어한다. 한번 가 본 적이 있는 크고 유명한 도시도 마찬가지다. 나에게 있어서 시카고는 바로 이런 도시들 가운데 하나이다.

오헤어 국제공항이 시카고에 관문이라는 사실은 비행기로

이곳에 도착한 사람들은 누구나 알고 있다. 그러나 이 '오헤어' 라는 이름이 세계 2차 대전 당시 남태평양 전투에서 혁혁한 전공을 세우고 전사한(사후 미 해군 최고 무공훈장을 받음) 시카고 출신 해군 소령 에드워드 B. 오헤어의 이름에서 왔다는 사실을 알고 있는 사람은 아마도 미국 사람들 가운데서도 많지 않을 것이다.

그나 그뿐인가. 우리의 숨을 죽이게 하고 손에 땀을 쥐게 하는 베스트셀러 소설로서, 그리고 동명의 영화로 우리들에게도 잘 알려진 아서 헤일리의 『에어포트』의 배경이 되는 그 문제 투성이의 링컨 국제공항의 모델이 바로 이 오헤어 공항이다. 소설가 헤일리는 이 소설을 쓰기 위하여 이 공항에서 꼬박 3년 간을 잠도 자고 밥도 먹으면서 이곳에서 일어나는 인간 요지경을 관찰하고 그것을 기초로 이 작품을 집필하였다.

세계에서 유명한 큰 도시들은 제각기 그 도시를 대표하는 상징적인 건축물들을 가지고 있다. 파리하면 우리는 뭐니뭐니 해도 우선 에펠탑과 개선문을 떠올린다. 뉴욕은 그 전설적인 자유의 여신상과 엠파이어 스테이트 빌딩. 런던은 국회의사당 빅벤이요, 이탈리아의 피사는 기우뚱하여 곧 쓰러질 것만 같아 보이는 그 유명한 사탑이다. 샌프란시스코는 골든 게이트. 시카고는 단연 현재 세계 최고층의 위용을 자랑하는 시어즈 타우어. 시어즈 로벅 백화점의 총본부 건물로서 110층의 이 건물은 1974년에 완공되었으며, 이 글이 쓰여지고 있는 이 시각을 기준으로 하여 현존하는 세계 고층건물들 가운데 최고층 빌딩이다. 높이 443미터. 얼마 전까지 세계 최고층 건물로 군림하여 온 뉴욕의 엠파이어 스테이트 빌딩보다 62미터 더 높다. 1931년 엠파이어 스테이트 빌딩이 완공된 이래 약 40년 간 시카고 사람들의 자존심은 크게 손상을 받았다. 왜냐하면 미국의 건축사상 건축의 중심은 예나 지금이나 뉴욕이 아니고 시카고였으며, 특히 고층빌딩 건축술의 획기적인 방법인 그 유명한 '스카이 스크레이퍼' 공법이 최초로 도입되어 1885년 실제로 이 새로운 공법에 의한 최초의 고층건물이 들어선 것이 바로 시카고였기 때문이다.

이 '스카이 스크레이퍼' 공법이란 지금까지 고층건물을 지을 때 벽돌을 일일이 하나하나 차곡차곡 높이 쌓아 올라가던 방법에서 강철이나 강철심을 박은 콘크리트 빔을 이용하여 기둥을 수직으로 세워 건물의 하중을 지탱하는 방법이다. 이 공법은 지금까지의 고층건물을 세우는데 드는 노력과 시간을 절약하여 단숨에 고층건물의 건축을 가능케 한 것이다. 그런데 정작 이 공법에 의한 세계 최고층의 건물이 시카고가 아니고 뉴욕에 세워졌던 것이다. 이제 이 시어즈 타우어가 우뚝 솟아 전세계를 한눈에 내려다보고 있는 한, 그래서 다른 더 높은 건물이 세워질 때까지 당분간은, 이 시어즈 타우어와 함께 시카고 사람들의 자존심도 그 고도를 유지할 것이다.

미국 사람들은 이처럼 높은 건물만 잘 짓는 사람들이 아니다. 그들은 또 세상에 귀하고 신기한 물건들을 긁어모으는데 이골이 난 사람들이다. 그들은 엄청난 돈을 가지고 이 세상에서 귀하고, 신기하고, 값나가는 물건이 있다면 이런 것들은 어떤 방법으로든지 손에 넣기를 좋아하며, 이런 물건들을 한 곳에서 볼 수 있게 분류하고, 보존하고, 전시하는데 천재적인 재주를 가진 사람들이다. 예를 들어 당신이 만약에 이집트에 나 있는 것으로 알고 있는 미라를 보고 싶을 때면 구태여 이집트로 갈 필요가 없다. 또 모네, 마네, 르노와르, 피카소 등과 같은 프랑스 인상파 화가들의 원작을 보고 싶을 때도 꼭 파리로 가야만 할 필요는 없다. 중국 당나라나 명나라 시대의 유물이나 미술품이 보고 싶을 때도 마찬가지다. 미국으로 가면 된다. 특히 시카고로 가면 된다. 그곳에는 다 있다. 시카고 대학교 박물관에, 시카고 미술관에, 그리고 시카고 필드 자연사 박물관에 가면 다 볼 수 있다. 더 잘 볼 수 있다.

　세계 최대 수족관이라고 자랑하는 미시건 호수 가에 위치한 쉐드 수족관에는 전설적인 스코트랜드 북쪽에 있는 네스 호수에 살고 있다고 전하여지는 수중 괴물과 전설적으로 전하여지는 인어만 빼놓고 지구상에 살고 있는 어류는 모두 모아놓았다고 수족관을 소개하는 책자에 쓰여있다. 다시 말해서 물 속에 사는 어류로서 탱크 속에 갇힌 상태로 살 수 있는 물고기는 모두 한곳에 모아 놓았다는 것이다. 설마 고래처럼 큰 물고기(?)는 없을 것이라고 확신한 필자는 그곳에 안내원에게 장난삼아 고래는 어디에 있는가를 물어보았다. "고래는 없어요. 그렇지만 지금 공사 중인 2백만 갤런이 들어가는 거대한 물탱크가 완성되고 나면 당신은 그 속에서 물 위로 힘차게 솟아오르는 돌고래들과 함께 고래도 볼 수 있을 거예요," 라고 안내원은 아무렇지도 않은 듯이 대답하였다.

내가 시카고 갔다 온 이야기를 하자면 리글리 야구장을 다녀온 이야기를 빼어놓을 수 없다. 전통 깊은 시카고 컵스 야구팀의 홈 구장으로서 미국에서 가장 오래된 구장이며 동시에 가장 아름다운 야구장으로 정평이 나있는 이 리글리 구장은 시카고 출신의 백만장자 윌리엄 리글리 2세의 이름을 딴 구장으로서 한때 그의 소유이기도 하였다. 본래 자기의 이름을 딴 리글리 껌을 제조 판매하여 큰돈을 벌게 된 그는 1899년 오직 하늘에 사는 천사들에게만 알려진 신묘한 향기를 가진 껌이라는 선전문구와 함께 '스페어민트'라는 새로운 향기가 가미된 껌을 만들어 시중에 내놓으면서 당시 껌 제조와 판매업계를 완전히 정복하여 그는 억만장자가 되었다. 그가 명문 시카고 컵스 구단을 사들여 주인이 되었고, 소속 구장의 이름에 자기의 이름을 붙였다.

내가 난생처음 실제로 야구경기가 벌어지고 있는 이 전통 깊은 야구장에 발을 들여놓았을 때 나는 비로소 미국 사람들이 야구에 대하여 가지고 있는 도에 지나치다 싶을 정도의 그 엄청난 사랑과 정열을 내 눈과 귀, 그리고 피부로 직접 확인할 수 있었다. 이것은 참으로 대단한 경험이었다. 남녀노소의 구별이 없이 모두가 자기 팀의 승리를 위하여 응원을 하고 있었다. 특별히 나의 시선을 끈 것은 여성 팬들이었다. 이 여성 팬들 가운데는 젊은 여성들은 물론 나이가 꽤나 들어 보이는 할머니들도 많았다. 이 여성 팬들은 자기가 좋아하는 팀의 승리는 물론 자기들이 특별히 좋아하는 선수들을 응원하는 모양이었다. 이들은 제각기 자기가 짝사랑하고 있는 선수들이 있는 것만 같았다.

1949년 시카고 컵스의 일루수 에디 웨이트커스라는 선수는 시카고 시내에 위치한 에지워터 비치 호텔에서 왠 낯선 젊은 여자가 발사한 권총탄환에 맞아 죽지는 않았지만 크게 부상을 당하여 장래가 촉망되던 이 선수는 선수생활을 그만두어야만 하는 불운을 맞이하였다. 나중에 경찰의 심문에서 밝혀진 사실이지만 이 권총을 발사한 젊은 여자는 이 선수와는 생면부지의 낯선 사람으로써 이 선수를 멀리서 사모하기 시작하였으며, 결국 자신의 사랑을 이처럼 이상한 방법으로 표현하기에 이른 것이었다. 이 사건은 훗날 버나드 맬라머드(1914~1986)라는 시카고 출신의 유명한 소설가의 손에 들어가 불후의 야구 소설 『내추럴』(1952)을 탄생시켰다. 이 『내추럴』이란 소설은 영화화되어 우리나라에서 동명으로 상영된 바도 있다.

리글리 구장에서 진행되고 있는 시카고 컵스와 뉴욕 메츠 간의 경기가 만들어 내는 열기와 함성 속에서 나는 무심히 함께 간 미국인 친구가 건네 주는 껌을 하나 까서 입에 집어 넣고 우물우물 씹기 시작하였다. 무심히 포장지를 들여다보고 놀란 것은 그 유명한 리글리 스페어민트 껌이었다.

껌을 씹으니 생각나는 것이 있었다. 내가 처음으로 미국제 껌을 씹어본 것은 아마도 6.25전쟁이 한참이었던 1951년인가 아니면 1952년이 아니었던가 한다. 전쟁 당시 나는 열 살 정도의 배고픔에 고통받고 있었던 수많은 이 땅의 아이들 가운데 하나였다. 우리는 그 때 너나 할 것 없이 미군들이 주는 쵸콜렛이나 비스켓, 캔디 그리고 껌을 맛보고는 그 황홀한 맛에 모두 넋을 잃었다.

나는 어느 날 재수가 무척 좋았다. 어느 미군 병사가 나에게 뜯지도 않은 껌 한 상자를 통째로 나에게 주었던 것이다. 나는 이것을 집에 가져와 몰래 집 뒤에 있는 나무더미 뒤에 숨겨놓고는 몰래 하나씩 씹거나 동생들에게도 나누어 주었다. 그런데 나의 행동을 눈치챈 영악한 동생 하나가 있었다. 어느 날 그곳에 가보니 나의 보물상자가 간 곳이 없이 없어졌다. 의심이 가는 나의 동생이 출처가 분명치 않은 껌을 주고 초콜렛과 바꾸어 먹었다는 정보에 접하고 동생을 마구 때려 준 일이 지금도 마음에 걸린다. 그때 내가 감추어 두었던 껌도 리글리 스페어민트 껌이었는지 아니었는지는 그 때나 지금이나 알 길이 없다.

  요즈음 텔레비전의 채널을 돌리다보면 자주 미국의 프로 야구경기 장면이 눈에 들어온다. 특히 리글리 구장이 나올 때는 너무나 반갑다. 내가 앉아 있던 장소와 그 야구장의 열기가 그립다. 그런데 그 유명했던 리글리 껌이 요즈음도 시장에 있는지 궁금하다. 없어진 것 같다. 있다면 꼭 한 통 살 것이다.

(1988년 9월)

캘리코에서

　먼 나라에 관광여행을 하다보면 우리는 이런 저런 유명한 관광지에 들리게 되는데 그 장소가 우연히도 우리가 평소에 잘 알고있는 노래의 고향일 때는 정말 자신의 고향에 찾아온 것처럼 기쁘고 친근함을 느끼게 된다. 노래로만 알고 있었던 곳에 처음 발을 디디게 된 순간의 느낌은 참으로 유별나다. 여행의 흥분을 한층 더 고조시킨다. 내가 처음 보게된 나폴리, 쏘렌토, 카프리 섬은 참으로 아름다운 곳이었다. 거기에 첨가하여 이곳이 바로 그 유명한 "산타 루치아", "오, 솔레미오", "돌아오라 쏘렌토로"와 같은 노래의 원산지라는 사실은 꿈만 같았고 스릴조차 느끼게 만드는 일이었으며, 그곳의 풍경을 한층 더 북돋아주는 요인이었다. 하와이에 도착하거나 떠날 때의 흥취는 언제나 "알로하 오에"라는 노래의 이국적인 멜로디 때문에 배가 된다.

그리고 때때로 이런 노래들은 그 관광지가 평범하거나 크게 볼 것이 없을 때 그 모자라는 점을 보충, 보완하여 주기도 한다. 내가 본 독일 코블렌츠 남쪽 라인 강변에 있는 그 유명한 '로렐라이' 바위는 내가 태어나 어린 시절을 보낸 고향 양평이라는 고장을 가로질러 흘러가는 남한강 가에 있어 여름이면 우리들의 놀이터요 다이빙보드 역할을 하였던 '장수바위' 만도 못한 것이었다. 그러나 그것이 그 유명한 '로렐라이' 전설이 서려있는 바위였고, 그리고 무엇보다도 내가 좋아하고 즐겨 부르는 노래 "로렐라이"와 연결되어 있다는 사실은 그 평범한 바위를 하나의 신비스런 기암으로 보이게 만들기에 충분하였다.

콜로라도 강도 마찬가지다. 내가 우연히 하룻밤 묵게 된 미국 네바다 주 라플린에 위치한 '콜로라도 벨' 호텔은 우연히도 콜로라도 강가에 위치하여 있었다. 내가 본 콜로라도 강은 그저 물이 흘러가는 세계 어디에서나 볼 수 있는 평범한 강이었으며, 그 날 밤에는 하늘에 밝은 달도 떠있지 않았었다. 그러나 "콜로라도의 달"이란 중학교 때 배운 노래 때문에 그 강은 나에게 있어서 그때나 지금이나 아름답고, 낭만적이고, 그리고 황홀한 강이 되어버렸다.

노래와 연관된 장소를 한 번 다녀온 경험이나 기억이 있는 경우 우리는 그 노래를 더 많은 즐거움을 가지고 부를 수 있고, 더 잘 감상할 수 있다. 그런 노래를 듣거나 부르는 순간 그 노래는 노래로 그치지 않고 당신을 과거에 다녀왔던 그 즐거운 여행의 추억 속으로 끌고 갈 것이며, 다시 한번 그 때의 경험을 생생하게 되새기게 만들어 준다. 위에서 언급한 몇 개의 나폴리 민요들을 듣거나 흥얼거릴 때면 나는 곧바로 십여 년 전에 다녀온 그 이탈리아 여행을 생생하게 기억하게 되고, 참으로 아름답던 소렌토 해변의 풍경과, 나폴리 항의 잔잔하고 평화롭고 조용한 바다를 다시 보게 되고, 카프리 섬에서 맡을 수 있었던 그 향기로운 꽃 냄새를 다시 맡을 수 있다.

며칠 전 있었던 일이다. 그 날의 일과를 마치고 유치원 버스에서 내린 손녀는 마중 나와 기다리고 있는 나에게 항상 그랬듯이 그 날 유치원에서 배운 것을 자랑스럽게 털어놓았다. 새로 노래를 하나 배웠다고 하더니 시키지도 않았는데 서슴없이 노래를 불러대기 시작했다. 듣고 보니 우리 모두가 잘 아는 "클레멘타인"이란 노래였다:

> 넓고 넓은 바닷가에 오막살이 집 한 채,
> 고기 잡는 아버지와 철모르는 딸 있네;
> 내 사랑아, 내 사랑아, 나의 사랑 클레멘타인,
> 늙은 아비 혼자 두고 영영 어디로 갔느냐.

이 노래의 우리말 가사에 의하면 클레멘타인은 엄마 없이 어부인 아버지와 바닷가에서 살고있는 것으로 되어 있지만은 영어로 된 원 가사에 의하면 아버지는 어부가 아니고 광산에서 금을 캐고 있었던 광부다. 좀더 정확하게 말하면 1849년 미국 서부 캘리포니아에서 금이 발견되자 일확천금을 꿈꾸어 서부로 달려간 광부들 가운데 한 사람이다. 이런 사실을 알리 없는 손녀는 노래가 재미있는지 계속 나에게 불러주었다. 잘 한다고 칭찬을 하면서 나의 생각은 이 노래의 날개 위에 실려서 지금은 사람이 살지 않는 유령의 마을이 되어버렸지만 한 때는 미국의 서부 캘리포니아에서 최대의 은광 타운이었던 캘리코로 날아가 있었다.

1881년 현재 캘리포니아주 바스토우 동북쪽에 위치한 산 일대에 대량의 은광이 매장되어 있다는 소문을 듣고 찾아 온 광부 세 사람은 근처에 캠프를 치고 무조건 산줄기를 파 내려 가기 시작하였다. 삼 일째 계속 파 들어갔으나 아무런 소득이 없었다. 그러나 나흘째 되던 날 드디어 세 명의 광부 가운데 한 사람이 크게 소리를 질렀다. "찾았다. 나왔다! 은이다! 은이다! 무진장이다!" 다량의 은이 발견되었다는 이 소식은 삽시간에 퍼졌고, 일확천금을 꿈꾸는 광부들은 너도나도 이곳으로 달여왔고, 이 황량한 산간은 갑자기 사람들이 붐비는 마을로 변하였다.

그런데 한 가지 문제가 있었다. 마을의 이름이 아직 없었다. 이 문제를 해결하기 위하여 어느 날 '행크씨의 술집'에 광부들이 모여 토론을 시작했다. 이때 나온 이름들은 '실버 걸취' (은의 협곡), '실버 캐논' (은의 계곡), '부에나 비스타' (아름다운 전경) 등이었으며, 열띤 토론 끝에 마침내 '실버 걸취'로 낙착이 되려는 순간, 마을에서 알아주는 유식한 쇼티 피바디라는 노인이 이의를 제시하였다. 지팡이로 책상을 한차례 두드리고 나서 그는 입을 열었다, "여러분, 이곳을 '캘리코'고 부릅시다. 이곳은 보시는 바와 같이 캘리코 스커트를 입고 있는 여자들처럼 아름답지 않소? 바로 그거요. 참 좋은 이름이지요?" '캘리코'란 면직 옷감이 지명으로는 좀 어색했지만 피버디 씨의 강력한 주장에 광부들도 어리둥절하여(또 그럴 듯하다고 생각하여) 크게 반대하지도 않았다. 마침내 회의를 주관하던 의장이 일어나 장내를 정리하고 엄숙하게 선언하였다. "그러면 이곳의 이름은 '캘리코'로 결정되었음을 선포합니다." 다음날 아침 J. A. 텔라메터라는 사람은 워싱턴에 이 '캘리코'라는 곳에 우체국을 설치하여 달라는 진정서를 발송함으로써 오늘날 우리가 알고있는 이 이상한 지명 캘리코는 영구한 생명을 갖게 되었다.

   캘리코의 쇠퇴는 불과 16년의 전성기를 누린 후 이 마을이 생겨난 만큼이나 급속히 그야말로 극적으로 이루어 졌다. 우선 양질의 은광석을 함유한 광맥이 차츰 줄어들기 시작하였으며, 설상가상으로 때 전성기에는 1온스당 1불 31전까지 올라갔던 은의 가격은 1896년에 이르자 53센트까지 하락하였다. 수지타산이 맞지 않게 되자 광부들은 물론 사업가들도 더 좋은 광산을 찾아서 떠나가 버렸고, 주인이 없어진 집들과 상점들은 낮에는 황량한 사막의 모래바람과 뜨거운 태양, 그리고 밤에는 코요테들의 차지가 되어버렸다.

  내가 찾아가 본 캘리코는 3,500명의 주민들이 들끓고 흥청대던 전성기의 광산 마을도 아니었고 그렇다고 완전히 잡초만 무성한 유령의 마을도 아니었다. 1950년 이 캘리코 산맥을 최초로 발견하였고 이곳에서 광부들에게 뒷돈을 대주어 실력자가 된 월터 노트 씨의 후손들은 이 버려진 마을 터와 부속된 광산 터를 영구히 보존하기 위하여 모두 사들였으며, 그동안 없어진 건물들과 거리를 정비하고, 나무도 손수 심고, 예전에 있던 그대로 집, 상점, 이발소, 술집, 학교, 교회, 묘지 등의 복원을 시작하였으며, 그 당시 광부들이 사용하였고 마을 사람들이 사용하였던 모든 생활 필수품들과 장비, 도구들을 심혈을 기울여 수집하여 드디어 1996년에 이르러서는 없어졌던 캘리코 마을을 전성기의 영광스런 모습으로 완전히 복원하여 놓았다.

  무시무시할 정도로 뜨거운 사막의 태양 아래 캘리코 마을의 거리를 걸으면서 나는 마치 역사 속을 걷고 있다는 느낌을 받았다. 옛날 그대로 복원된 옛날 서부활극 영화에서나 볼 수 있는 마을의 소박하면서도 엉성하기 짝이 없는 목조 건물들, 버려져 쌓여있는 은광석 더미, 그리고 수없이 많은 수직 갱도와 거미줄처럼 얽혀있다는 무수한 터널의 입구 등을 볼 수 있다는 것은 참으로 별난 구경거리였다. 그러나 무엇보다도 나는 이곳에서 살았고, 사랑도 했고, 힘들여 일하다가 죽어간 그 대담하고, 용기 있고, 억센 사람들의 그 불굴의 정신을 느낄 수 있었다.

캘리코는 자기의 운명을 바꾸어 놓을 행운을 찾아 소위 '죽음의 계곡'이라고 일컬어지는 사막을 건너 이 낯설고 위험하기 짝이 없는 황량한 서부로 모여들었던 억센 남녀들의 삶을 영구히 기억하기 위하여 세워진 하나의 기념비였다. 이곳에 온 사람들 가운데는 그 꿈을 이룬 사람들도 있었을 것이며, 또 그 꿈은 단지 꿈으로 끝난 사람들도 있었을 것이다. 나는 이유 없이 슬퍼졌고, 흥분하였고, 삶의 무상함도 느꼈다. 이제까지 미국에서 역사적으로 유명하다는 곳도 몇 군데 들려 보았지만 어디에서도 이 캘리코에서 느낀 그런 감정은 느껴볼 수는 없었다.

그때 어디서 아주 자주 들어본 노래의 곡조가 들려왔다. 바로 "나의 사랑, 클레멘타인"이었다. 나는 이 노래야말로 바로 이 캘리코에 딱 어울리는 노래라고 생각했다. 나는 노래의 곡조가 흘러오는 곳으로 발길을 돌렸다. 이제는 기념품 상점으로 사용되는 '행크씨의 술집' 앞 나무 마루 위에 한 50이 넘어 좀 외로워 보이는 남자가 아주 작고 이제는 오래되어 흔들거리는 오르간을 연주하고 있었다. 그 오르간은 내가 어렸을 때(초등학교 때) 교실에서 본 그런 풍금이었다. 내가 가까이 가 옆에 서자 그 남자는 웃으면서 나에게 눈인사를 했다. 나는 그에게 "나의 사랑, 클레멘타인"을 연주해 달라고 부탁했으며, 그의 연주에 따라 그 노래를 불렀다:

In a cavern, in a canyon, excavating for a mine,
Dwelt a miner, a forty-niner, and his daughter, Clementine,
Oh, my darling, oh, my darling, oh, my darling Clementine,
You are lost and gone forever, dreadful sorry, Clementine.

이 남자는 노래를 불러주는 친구가 있는 것에 무척 고무된 느낌이었다. 나의 노래 실력과 내가 노래 부르는 일에 크게 주저하지 않는 사람이라는 것을 간파하였는지 그는 이번에는 "오! 스잔나!"를 신나게 연주하기 시작하였다. 나도 신나게 따라 불렀다. 그가 크게 기뻐하는 얼굴 표정에 나도 기뻤다. 나는 떠나기에 앞서 피아노 옆에 있는 유리병에 거금 5달러짜리 지폐 한 장을 넣고 그와 악수를 하고 헤어졌다.

나의 손녀가 부른 "클레멘타인"에 떠밀려 다시 다녀온 캘리코 여행은 이제 끝났다. 그런데 이상스럽게도 그때 오르간을 연주하고 있었던 그 남자의 모습은 쉽게 나의 마음에서 사라지지 않고 지금도 어른거린다. "나의 사랑, 클레멘타인"의 가사에 의하면 한 광부와 그와 함께 살고 있는 어린 딸 클레멘타인이 나온다. 이들은 아마도 캘리코에 살았었는지도 모른다. 그런데 불행하게도 어느 날 아버지의 유일한 낙이요 희망인 클레멘타인이 실수로 물에 빠져 죽는다. 아내도 없는 광부는 삶에 대한 모든 흥미와 희망을 잃고 죽은 딸을 생각하고 또 생각하다가 몸과 마음이 허약하여져 마침내 그도 죽어 함께 나란히 교회의 묘지에 묻힌다. 지금 이 시각에도 틀림없이 외로운 캘리코에서, 같은 장소에서, 관광객들을 위하여 "나의 사랑, 클레멘타인"을 연주하고 있을 그 남자가 자꾸만 노래 속의 클레멘타인의 아버지 광부와 비슷하다는 생각이 드는 이유가 무엇인지 나는 잘 모르겠다. 혹시 그 남자도 비슷한 사연을 간직하고 있는 것이나 아닌지 궁극하기도 하다. 그때 그에게 혹시 딸이 있는지 물어 보지 않고 헤어진 것이 아쉽다.

(2004년 1월)

네메시스

대통령과 아들

대통령과 책

네메시스

"비록 그녀의 발걸음은 느리고 보이지 않지만 네메시스는 꼭 찾아온다."

―윌리엄 윗쓴 (1858 ~ 1935)

일 년 이상 끌어온 심문과 조사가 끝나고 드디어 전두환, 노태우 두 전직 대통령과 그들의 충성스런 부하들이 반역, 반란 및 뇌물수수 등의 죄목으로 처벌을 받게 되었다. 지난주 8월 5일 서울 지방법원에서 개정된 재판에서 전두환 씨에게는 사형, 노태우 씨에게는 무기징역이 각각 구형되었으며, 나머지 14명의 피고들에게는 무기징역에서 10년의 징역형이 구형되었다. 이들은 오래 전 저지른 범죄행위에 대하여 16년이 지난 지금에 와서 법정에 서게 되었으며, 이제 26일로 예정된 심판에서 이들의 운명은 결정될 것이다.

일 년 전까지만 하여도 국민들 가운데서 이 두 전직 대통령이 죄수 복장으로 법의 심판을 받기 위하여 판사 앞에 서게 되리라고 생각한 사람은 없었거나, 아마 있다 하더라도 아주 극소수에 불과하였을 것이다. 이와 같은 사태의 반전은 참으로 극적인 것으로서 아무도 예측하지 못한 것이었다. 이런 일이 일어나기 불과 몇 개월 전 동일한 사건을 조사한 검찰은 이들의 범죄사실에 대하여 "성공한 쿠데타는 사법적 고려의 대상에서 제외된다."는 법적 근거(?) 하에 공식적으로 이들이 저지른 정권탈취라는 범죄행위를 불기소 처분하였다. 필자도 이런 결정에 대하여 무엇인가 좀 불분명하고 불만스런 점이 없지는 않았지만 그게 그저 그런 것이로구나 하는 심정으로 동의할 수밖에 별 도리가 없었다. 우선 너무나 오래 전에 일어난 일이었고, 이미 엎질러진 물처럼 다시 주워 담을 수도 없는 노릇이 아니겠는가 하고 생각하였다.

1980년, 그러니까 지금부터 16년 전, 전두환 씨와 그의 추종자들은 군사 쿠데타를 일으켜 무력으로 정권을 장악하였다. 이들은 지금까지 나름대로 그럴 듯한 변명과 명분을 내세워 자신들의 당시 행동을 합리화하고 정당화하여 왔지만, 한 가지 부정할 수 없는 분명한 사실은 그들이 권력을 잡기 위하여 성난 산돼지들처럼 돌진하는 과정에서 수없이 많은 무고한 사람들의 귀중한 생명들이 부당하게 희생되었다는 것이다. 죽은 사람들이 몇 명이냐가 문제가 아니다. 이 지구상에 태어난 인간의 생명은 단 하나의 생명이라 하더라도 그것이 부당하게 종말을 맞았다면 거기에는 마땅히 합당한 이유가 있어야하며, 어떤 종류의 죽음도 그 원인과 이유가 주위에 살아남은 사람들에게는 물론, 죽음을 당한 당사자에게도 (영혼이라는 것이 있다면) 설명되고 이들의 수긍을 받을 수 있어야만 한다. 이것이 최소한 이 세상을 끝까지 살아보지도 못하고 떠난 영혼을 그나마 달랠 수 있는 방법이기도 하다. 그리고 이것은 가장 원시적이면서도 기본적인 정의와 도덕의 개념이며, 인간 사회에 존재하는 모든 사법제도나 사법기관의 존재 목적이기도 한 것이다.

광주에서 죽은 수많은 사람들은 말할 필요도 없거니와, 전두환 씨와 그의 추종자들이 육군본부와 육군참모총장 관사에 난입하여 당일 그곳을 지키던 초병들과 총격전을 벌이는 과정에서 어이없이 변을 당한 보초병의 목숨을 생각해 보라. 이들은 전선이 아닌 서울 한복판에서, 전시도 아닌 평화시에, 적군이 아닌 아군 동료병사들에 의하여 정말로 어처구니없는 죽음을 당한 것이다. 이들은 모두 꽃다운 젊은 나이에 자신들이 왜 죽는 줄도 모르고 죽어야 했으며, 이들의 죽음은 그때나 지금이나 사람들의 기억에서 사라져 없는 것이다. 그들은 자신들의 억울함을 대변하여 줄 사람도 없다.

이런 억울한 죽음을 맞이한 영혼들은 자신들의 생명을 앗아간 주인공들이 자신들이 저지른 끔찍한 만행에 대하여 눈곱만큼의 부끄러움이나 뉘우침, 그리고 용서를 비는 참회의 기색을 보이지 않을 뿐만 아니라, 오히려 득의양양해 하는 모습을 허공에서 내려다본다. 이 지구상에는 이 뻔뻔스럽고 흉악한 범죄자들을 자기들을 대신하여 복수하고 벌을 줄 사람이 없다는 사실을 깨닫게 된 이 원통한 영혼들은 복수와 정의의 여신 '네메시스'를 찾아간다.

그들은 이 그리스 신화에 나오는 이 여신이야말로 인류의 역사가 있기 전부터 오늘날에 이르기까지 사람의 눈에 띄지 않게, 소리 없이, 살인자들을 추적하여 합당한 벌을 주고 있다는 사실을 알고 있다. 복수의 여신 네메시스는 이들의 이야기를 끝까지 경청하고는 잘 알아들었으니 아무 걱정말고 물러가 자기가 어떻게 이 땅 위에 정의를 실현시키는가를 지켜보라고 말한다.

네메시스 여신은 이런 경우에 있어서 당연히 살인에 직접적인 책임이 있는 범죄자들을 추적하여 즉각 처벌하는 것이 당연하고, 또 그런 일은 자신의 권능으로는 지극히 간단한 일이라는 사실도 알고있지만, 이들을 즉시 체포하여 벌을 주는 일에서 파생되어 더 많은 선량한 사람들―그저 하루하루를 열심히 일하며 부지런히 살아가는―무고한 사람들에게까지 그 처벌의 영향이 미치게 된다는 사실을 앞에 놓고 고민하게 된다. 이런 이유 때문에 항상 네메시스의 발걸음은 우리 인간들의 눈에는 너무나 느려만 보이는 것이다. 마침내 여신은 이 살인을 저지른 범죄자들의 처벌을 마음 착한 대다수 한국 국민들의 안위와 질서를 위하여 일단 뒤로 미룬다.

결과 이들이 권좌에 있는 동안 우리의 경제는 계속 성장하였고, 1988년 서울에서는 제24회 하계 올림픽 대회를 개최하여 국민 전체의 자존심과 국위는 크게 상승하였다. 이들은 자기들이 잘나 이런 일이 일어나고 있다고 으쓱대고 기고만장이었지만, 복수의 여신 네메시스는 결코 자기가 한 약속을 잊지 않고 있었다. 여신은 미소를 지으면서 이들을 파멸로 이끌 확실한 계획을 세워놓고 있었다. 여신은 이들의 마음 속에 무엇인가 심어 놓고는 회심의 미소를 짖는다. 그것은 탐욕이라는 이름의 씨앗이었다.

대통령을 지낸 두 사람을 비롯한 그들의 일당을 전격적으로 체포하여 이처럼 재판에 회부하게된 이번 사태의 반전에 대하여 구구한 억측이 난무하고 있다. 사람들은 사태가 이처럼 돌변한 것은 현직 김영삼 대통령이 나날이 쇠퇴하고 있는 자신의 정치적 인기를 이들 두 군장성 출신의 전직 대통령과 그들의 추종세력들을 처벌함으로서 이들에 의하여 크게 고통을 받았거나 그렇지 않다 하더라도 이들에 대하여 증오심을 가지고 있는 많은 국민들의 정서에 부응하여 자신의 정치적 입지를 견고하게 하기 위한 정치적 동기에서 나왔다고 말하고 있다. 또 어떤 사람들은 이들의 정치적 야심과 재기를 사전에 봉쇄하고 분쇄하려는 긴박한 필요성 때문이라고도 주장한다. 하여간 이들의 운명이 하룻밤 사이에 이처럼 처절하게 곤두박질친 원인에 대하여 별의별 설이 난무하고 있으며 또한 있을 수 있지만, 이 사건의 핵심에는 돈이, 그것도 아주 거대한 액수의 돈이 놓여 있다는 사실 또한 부인할 사람은 없을 것이다.

전두환 씨나 노태우 씨가 그들이 권좌에서 물러난 후 지금 이 시각까지 나라에서 주는 연금이나 타 먹으면서 근근히 살아왔다고 가정해 보자. 권력을 잃은 늙은 전직 대통령으로서 아직도 많은 사람들로부터 미움은 받을 것이다. 무시도 받을 것이다. 서러움도 느낄 것이다. 그러나 체포되어 살인죄로 기소를 받는 경지에 이를 가능성은 아마도 없었을 것이다. 이들이 가지고 있다는 것으로 알려진 큰돈은 마치 꿀통 주변에 벌들이 모여들 듯이 끊임없이 옛날의 추종자들을 그들 주위에 모여들게 하였으며 이 큰돈은 또 이들은 오만 방자하게 만들었다. 이 돈이, 이 거액의 돈이 결국 사람들로 하여금 이들을 계속 두려워하도록, 미워하도록, 시기하도록, 그리고 경계하도록 만들었으며, 이들의 처벌을 정당하다고 생각하게 만든 것이다.

대단히 조심성이 많고 지능이 높은 전두환 씨는 자기의 전임 박정희 대통령의 비극적인 종말을 자신의 두 눈으로 확인하였음으로 대통령의 자리에 너무 오래 머물러 있는 것은 결코 자신에게 좋은 결과를 가져오지 않을 것이라는 것쯤은 미리 잘 알고 있었다. 그는 대한민국 건국 역사상 최초로 스스로 정권을 (비록 불법으로 얻은 것이었지만) 다른 사람에게 넘겨 평화적 정권교체를 이룩함으로써 자신과 자신의 추종자들이 저지른 잘못들을 한꺼번에 정당화 할 수 있다고 생각하였다.

그러나 막상 권좌에서 물러난다는 사실이 그리 쉽지 않다는 사실도 깨닫게 된다. 별안간 그는 무기력하고 공허함을 느낀다. 그는 돈이, 돈만이, 그 공허감을 채워줄 대용물이라는 사실을 알게 된다. 이제부터는 돈이 그에게는 권력이다. 네메시스 여신이 이미 오래 전에 그의 마음 속에 심어놓은 탐욕이라는 씨앗은 권력이 없어진 황량한 마음의 들판에서 서서히 싹이 터 무성한 잡초처럼 무섭게 자라나기 시작하였다. 매일매일 그는 자신의 비밀 금고에 쌓이는 돈 뭉치를 바라보거나 만져보는 일이 이제는 일과요 위안이 되어버렸다. 돈과 함께 있는 순간 그는 행복하였고 안전하다고 느꼈다. 돈 속에서 그는 자신의 미래는 물론, 자기 가족과 자자손손들의 미래도 보았다.

그의 후계자인 노태우 씨도 때가 오자 전임자와 똑같은 경험을 하게 되었으며 전임자가 한 행동을 그대로 충실하게 따르게 되었다. 노태우 씨가 천문학적인 액수의 돈을 가지고 청와대를 떠났다는 루머는 그가 연희동 자택으로 돌아간 다음에도 끊임없이 나돌았으며, 이때마다 그는 완강히 이런 사실이 근거가 없는 낭설이라고 부인하였다. 그러나 드디어 어느 날 그 루머는 사실로 판명이 나버렸으며, 그가 재직 시 부당하게 긁어모은 이 돈은 곧바로 그의 몰락은 물론, 그의 전임자와 그를 따르던 충직한 하인들의 운명까지도 하룻밤 사이에 바꾸어 놓은 것이다.

노태우 씨는 물론 그의 전임자 전두환 씨가 재임 중 이런저런 이유로 생긴 돈을 다 써버리고 빈손으로 그 자리를 떠났더라면 (비록 그 큰 액수의 돈이 모두 뇌물에 속하는 돈이라 하더라도), 그들은 나름대로 그럴 듯한 변명을 늘어놓았을 것이며, 그런 변명이 통할 수도 있었다. 그리고 결정적으로 이번 경우와 같은 체포와 구속, 그리고 재판에 이르게 만든 국민들의 분노를 피할 수 있었을지도 모를 일이다. 이들은 비록 만사에 용의주도하였고 비상한 지능을 가진 사람들이었지만 그들이 그토록 아끼고 사랑하였고 자신들의 미래를 영원히 지켜줄 것이라고 굴뚝같이 믿었던 그 돈이 바로 그들이 숙명적으로 만나야만 될 네메시스였다는 사실은 모르고 있었다. 이제 커튼은 내려졌으며 네메시스 여신은 그 뒤에서 혼자서 차가운 미소를 짓고 있다.

(1996년 8월)

대통령과 아들

　대통령직에서 물러나 3년이 지난 지금에 와서 노태우 씨가 큰 곤경에 처하게 되었다. 그동안 그는 줄곧 사람들의 쑥덕공론의 대상이 되어 왔다. 내용인 즉 그는 재임 시 은밀하게 그리고 불법적으로 엄청난 액수의 돈을 모았는데 일부는 정치하는데 쓰고, 나머지는 국내 여러 은행에 타인의 명의로 아직도 가지고 있다는 것이었다. 그가 가지고 있다고 알려진 엄청난 액수의 비밀스런 돈에 대한 루머가 신문에 보도될 때마다 노태우씨 자신은 지금까지 강력하게 그리고 꾸준히 일관되게 부인하여 왔는데, 이번에 그만 그 실체가 사실로 백일하에 드러나게 되었으며 형사처벌을 면할 수 없게 되었다. 한때 이 나라의 최고 지위에서 영광과 명예를 누리던 그는 이제 우리 국민 모두를 우롱한 사기꾼이나 다름없는 파렴치한 거짓말쟁이가 되고 말았다.

　그를 증오하고 비난하는 사람들이 주위에 많다는 사실을 알고 있으면서도 나는 지금까지 개인적으로 노태우 씨를 은근히 좋아해 온 사람이다. 우리나라 근대 역사상 박정희, 전두환 씨와 함께 그에게는 헌정을 무너뜨린 군사 쿠데타와 군부독재의 주역이라는 떼어내고 싶어도 뗄 수 없고 지우고 싶어도 지워지지 않는 저주스런 낙인이 찍혀있는 것을 잘 알고 있었지만 그래도 나는 지난번 대통령 선거에서 이 사람에게 표를 주었다. 재임 시에는 만사에 너무 느슨하고 강력하지 못하여 "물태우"라는 별명으로 비난의 대상도 되었지만, 어쨌든 그는 그런 대로 국가의 안위를 위협하는 험난한 정치적 위기를 그때그때 무사히 넘기고 우리 국민 모두가 그처럼 오랫동안 염원하였던 민간인에 의한 합법적인 정부의 탄생을 위한 토대를 마련하였다. 나는 그가 임기를 무사히 마치고 조용하게 청와대에서 연희동 자택으로 돌아간 사실에 대하여 마음 속으로 크게 안심하고 즐거워하였으며, 그가 그 막강한 권력을 평화적으로 민간인이며 합법적인 후계 대통령에게 인계하였다는 사실에 대하여 크게 감사하였다. 민주국가에 있어서 정치적 업적으로 이보다 더 큰 일이 또 어디에 있겠는가?

　이와 같은 그의 정치적 업적을 떠나서 이 사람에게는 내가 개인적으로 좋아하는 인간적인 성품과 자질이 있다. 그는 우선 키가 훤칠하게 크고 또 얼굴도 잘 생겼다. 키가 작고 얼굴이 못생긴 사람인 나는 누가 뭐라 해도 이런 사람 앞에서는 맥을 못춘다. 싫어할 도리가 없다. 그리고 또 육군사관학교 출신의 직업군인으로서 자기의 목적을 위하여서라면 동포들의 피를 손에 묻히는 일조차 주저하지 않은 냉혹한 사람이라는 엄연한 사실에도 불구하고 그는 비교적 조용한 사람으로서 목소리는 부드럽고 설득력이 있으며, 인내심이 강해 보이고 믿음직스러워 보인다. 유난히 큰 그의 두 귀는 부처님을 연상시기조차 한다.

 군인 출신이지만 민간인 출신의 현 김영삼 대통령과는 오히려 대조적으로 걸음걸이도 겸손하다. 후자처럼 걸핏하면 하늘에다가 주먹을 휘두르는 법도 없다. 조용하고 매력 있는 아내가 있으며, 공부를 썩 잘해서 우리나라에서는 제일 입학하기 어렵다는 소위 일류대학을 졸업한 아들과 딸도 있다. 이 두 자녀는 또 우리나라에서는 그 이름이 널리 알려진 재벌의 자녀들과 결혼도 하였다. 한 마디로 말해서 이 노태우 씨야말로 한 나라의 대통령이기 이전에 한 개인으로서도 더 바랄 것이 없는 행복한 사람이었다.

 그런데 이제는 모두가 지난날의 이야기다. 그는 지금 모든 사람들의 눈총을 받으면서 혼자서 울고 있는 가련한 신세의 사람이다. 온 세상이 그를 비웃고, 욕하고, 미워하고, 조롱하고 있다. 그는 지금까지 누리고 가지고 있었던 모든 것 — 명예, 신뢰, 사랑, 친구, 그리고 그처럼 악착같이 모았고 집착하였던 던 돈 — 이 모두를 잃었다. 그는 이제 이 세상에 그 유례를 찾아볼 수 없는 거짓말쟁이요, 국민을 우롱한 사기꾼이요, 기막힌 코미디언이다.

　사람들은 우선 이 사람의 그 부정직함에 놀라고, 그리고는 그 문제된 돈의 천문학적인 액수에 또 한번 놀라고, 그리고 마지막으로 이 사람이 그 많은 돈을 끌어 모으고 그것을 그처럼 숨겨놓으려 했던 궁극적인 목적이나 동기에 대하여 의아해하고 하고 있다. 그가 대통령으로 청와대에 있을 때야 나라에서 주는 월급만으로는 큰일 하느라 돈이 더 필요하였을 것이라는 것쯤은 누구나 수긍할 수 있다. 그러나 이제 평범한 사회생활을 하는 한 시민으로서 그처럼 많은 돈이 필요하다는 사실은 아무래도 이해할 수 없는 일이다. 돈이야 많으면 많을수록 좋은 것이라지만 전직이 대통령이란 사람이 아무리 가난하다 하더라도 자신은 물론 가족의 경제적 문제는 걱정하지 않아도 될 일이 아닌가. 설마 대통령까지 한 사람이 돈이 없어 가고 싶은 곳에 가지 못하고 먹고 싶은 것 입고 싶은 것 입지 못할까? 그렇지 않을 것이다. 그렇다면 무엇 때문에 그 많은 돈을? 무엇에 쓰려고?

　이와 같은 노태우 씨의 비난받아 마땅하고 측은한 마음까지 들게 만드는 행위를 놓고 그 목적과 동기에 대한 여러 가지 추측과 해석이 난무하고 있다는 것을 필자는 잘 듣고 있다. 그런데 신기한 일은 이 여러 가지 가정과 가설 속에 정작 내가 가진 이론을 피력하는 사람이 없다는 사실에 나는 놀라고 의아해 한다. 사람들은 정작 이 문제를 이해하는 데 가장 흥미 있고 또한 중요한 핵심적인 요인을 찾아내는데 실패하고 있다. 사람들은 노태우 씨가 아주 똑똑하고 얼굴 또한 준수하게 잘 생긴 성장한 아들 하나를 두고 있다는 사실을 흔히 간과한다. 이 세상에 자식을 사랑하지 않는 사람이 없듯이 노태우 씨도 남다른 애정을 가지고 이 하나밖에 없는 아들 속에서 많은 가능성을 보았을 것이다.

 꼭 그렇다고 단정하여 말할 수는 없겠지만 아버지는 대개 아들 가운데 누구 하나가 자신이 하던 직업을 이어가기를 바란다. 그 직업이 좋은 직업일 때는 더욱 그렇다. 그래서 그런지는 몰라도 판사 아버지 밑에 판사 나오고, 의사 집에 의사 나고, 재벌 아들이 대를 이어 재벌의 총수가 된다. 나의 세 딸 가운데 하나도 내가 시키지도 않았는데 이 아버지처럼 영문학을 공부하고 있으며 장차 나처럼 대학교수가 되겠다고 한다. 은근히 기분 좋고 대견스럽기도 하다. 마찬가지로 대통령을 지낸 노태우 씨의 아들이 아버지처럼 장차 이 나라의 대통령이 되겠다고 해서 이상할 것도 없고 또한 비난받을 일도 아니다. 이런 교감 속에서 아버지인 노태우 씨가 사랑스런 아들의 이 원대한 장래를 위하여 무엇인가 궁리하고 준비하였을 것이다.

 우선 돈이었다. 정치를 하자면 돈이 필요하다는 것쯤은 삼

척동자라도 아는 일이다. 더구나 실제로 정치판에 뛰어들어 돈의 위력을 생생하게 실감한 그가 자식의 장래를 위하여 돈을 모으는 일을 주저하거나 게을리 하지 않았을 것이라는 것 또한 자명한 일이다.

아들의 처지에서 보아도 사정은 같다. 우선 그에게는 정치에 대하여 아버지로부터 그 동안 보고 듣고 배운 것이 많다. 이 세상에서 부모로부터 보고 듣는 교육보다 더 효과적인 교육은 없다. 남들에게는 너무나 멀고, 엄청나고, 생소하고, 어렵게만 보이는 그 직업이, 그 지위가, 별로 멀지도 않고, 어렵지도 않고, 생소하지도 않다. 오히려 다른 어떤 직업보다 손쉬워 보이고 손쉽게 도달할 수 있는 자리이기도 하다. 청와대도 제집 드나들 듯이 자주 드나들다 보면 별것 아니다. 별것이 아닐 뿐만 아니라 이제는 제집처럼 느껴져 남에게 내어주기 싫어진다. 당분간은 할 수 없이 다른 사람에게 내어주더라도 가까운 장래에 다시 차지하리라 마음먹게 된다. 그리고 이 일을 해내는데 있어서 그는 처음부터 아주 유리한 위치에 있다. 무엇보다도 그에게는 아주 우수한 가정교사가, 아주 유능한 코치가, 든든한 감독인 아버지가 큰 돈주머니를 차고앉아 뒤를 밀어줄 때는 더 말할 필요도 없다.

나의 이론이 틀림이 없다는 사실은 다음과 같은 사실이 증명하고 있다. 노태우 씨의 아들은 이미 정치에 깊숙이 발을 들여놓고 있다. 그는 이미 현 집권당인 민주자유당의 국회의

원 후보로서 선거구를 하나 할당받아 놓은 지구당 위원장이며 다음 국회의원 선거에 출마하기로 되어있다. 일류대학 출신이요, 젊음과 신선한 매력을 갖추었으며, 거기에 전직 대통령의 아들이라는 후광과 영향력, 그리고 아버지가 마련해 놓은 막대한 선거자금을 가진 그에게 국회의원 자리는 이미 떼어놓은 당상이다. 그는 이미 이 나라에서는 장래가 촉망되는 유능한 정치인 후보 가운데 한 사람이다. 그가 다음 선거에 당선되어 국회의원이 되고 나면 그의 정치적인 장래는 떠오르는 태양처럼 밝고 찬란하다. 그가 이 나라에서 굵직한 정치인으로 자라나는 것은 시간문제이며, 때가 무르익으면 그는 당연히 옛날 자기 아버지가 살았던 청와대를 차지하기 위하여 대통령 선거에 뛰어들 것이다. 이렇게 되기까지 가장 큰 역할을 하게 되는 것은 그의 자애로운 아버지가 모아놓은 돈이다.

그런데 어이없게도 바로 이 돈 때문에 모든 것이 수포로 돌아가게 되었다. 그처럼 철석같이 믿었고, 그처럼 든든하고 믿음직스러웠던 그 돈이 바로 자신의 파멸은 물론, 그처럼 양양했던 자랑스런 아들의 전도마저 여지없이 파괴시켜버린 파멸의 씨앗이었을 줄 과연 누가 알았으랴! 차라리 노태우 씨가 아들에게 "네 일은 네가 알아서 해라" 하는 식으로 내버려두었더라면 오히려 그 유능한 아들은 혼자서 알아서 더 잘 해나가지 않았을까? 필요한 정치자금은 재벌인 처가에서 대어 줄 수도 있지 않았을까? 자식을 사랑하는 것도 지나치면 욕심이고, 지나친 욕심은 화를 불러온다는 촌부도 알고있는 지극히 평범한 교훈을 대통령까지 지낸 노태우 씨는 잊고 있었나보다. 자식 앞에서 부모는 누구나 바보가 되고 장님이 된다.

  사람은 누구나 자기가 하던 일을 가능하면 오래오래 계속하고 싶어한다. "나는 이 일 이만큼 했으니 그만 하련다"하고 손을 놓을 수 있는 사람은 자고로 아주 드물고 귀하다. 애착에서 벗어날 수 있다는 점에서는 부처님의 경지에 이른 사람이다. 가난한 집 곳간 열쇠도 며느리에게 쉽게 내어놓지 않는 시어머니의 경우를 보라. 하물며 그 직업이 권력과 돈 그리고 명예가 함께 따라붙을 때는 말할 필요도 없다. 가능하면 그는 그것을 오래오래 혼자 자기 것으로 갖고싶어한다. 남에게 내어주고 싶지 않다. 할 수 없이 남에게 내어주어야만 할 때는 남보다는 자기 자식에게 넘겨주기를 바란다.

  자기의 직업을 이어가는 아들 속에서 아버지는 자기 직업의 연장뿐만이 아니고, 자신의 생명의 연장을 본다. 역사가 보여주듯이 이것이 바로 그 수많은 왕조들이 생겨나 숱한 사람들의 피와 눈물을 강요하면서 수백 년 간씩 지속된 이유 가운데 하나이기도 하다. 멀리서 그 예를 찾을 필요도 없다. 북한의 김일성이 그토록 오래 왕좌를 지키고 나서 온 세계의 조롱과 비웃음과 비난을 무시하고 결국 자기 아들을 그의 후계자로 만든 것을 보아도 알 수 있다. 사회적 여건과 방법은 다르다 하여도 노태우 씨의 경우도 그 본질적인 성격이나 발상에 있어서 크게 다른 것은 아니다. 어느 한 개인의 욕망을 탓하기에 앞서 인간에게 이런 인간성을 부여한 신의 큰 뜻을 헤아려 볼 일이다.

  아직도 한 가지 질문이 더 남아있다. 그렇다면, 이 시간 이 나라에는 같은 방법으로, 아니, 방법은 다르다 하더라도 자식의 성공을 통하여 자기의 이 원시적이며 본능적인 욕망을 채우는 일에 자신도 모르는 사이 매달려 있는 사람이 과연 노태우 씨 하나뿐일까?

(1995년 11월)

대통령과 책

　새로 선출된 김대중 대통령에 관하여 전하여지는 여러 가지 흥미로운 일들 가운데 하나는 이분이 특별히 책을 좋아하는 분이라는 점이다. 얼마 전 신문에 보도된 바에 의하면 일산에 있는 그의 사저로부터 청와대로 이사를 하게 된 새 대통령의 이사를 주관하고 있는 그의 보좌관들은 뜻하지 않은 거대한 분량의 이삿짐에 직면하여 크게 당황하고 있다고 하였다. 그것은 다른 것이 아니고 1만 5천 권에 이르는 대통령의 장서 때문이며, 현재 청와대 내에는 그만한 분량의 책을 들여놓을 만한 알맞은 장소가 없기 때문에 이 책들을 수용하기 위하여서는 현재 다른 용도로 쓰이고 있는 공간을 비우던가, 아니면 새로 도서관 하나를 따로 지어야만 한다는 것이다. 그 신문 기사의 분위기로 판단해 볼 때 신임 대통령이 자기가 평소에 애지중지하던 책들을 사가에 남겨놓고 몸만 떠날 것 같지는 않다. 그는 책을 대단히 사랑하는 사람이기 때문에 그가 가는 곳에 마땅히 그의 사랑하는 책들도 따라가게 되어있다.

이 뉴스는 직업상 책이라는 물건과 싫던 좋던 항상 어떤 연관을 가지고 있으며, 그 동안 책을 사기고 했고, 모으기도 했고, 읽기도 했고, 그리고 그 책이라는 것을 가지고 이곳 저곳으로 이사도 다닌 경험을 가지고 있는 나의 관심을 끌기에 충분한 것이었다. 나도 한때는 열심히 책을 사 모아 전성기에는 영어로 된 전공서적이 약 1천 권은 되었었다. 그 후 그놈들을 끌고 이리저리 이사를 다니는 동안 너무나 무겁고 거추장스러워 틈틈이 필요 없다고 생각되는 것들을 내다버려 현재는 약 5백 권 정도가 사무실 책장에 꽂혀있다.

이사를 다녀본 사람은 알겠지만 이 책이야말로 이사를 할 때 가장 골치 아픈 물건 가운데 하나이다. 책은 책장 속에 가지런히 꽂혀 있을 때는 아주 얌전하고 예뻐 보이기까지 하는 물건이지만 어쩌다 한번 흐트러 놓거나, 마루바닥이나 방바닥에 그냥 마구 쌓아 놓는 날에는 갑자기 대단히 다루기 힘들고 꼴사나운 괴물로 변한다. 이사를 할 때마다 느끼는 일이지만 이놈들은 해가 갈수록 부피가 늘어나고 동시에 더 무거워진다. 이사를 할 때는 우선 이것들을 다섯 권이나 열 권씩 나일론 줄로 묶거나, 아니면 사과상자에 넣어 운반해야만 한다. 이 일도 결코 쉬운 일이 아니지만, 엉성하게 묶거나 시원치 않은 상자에 넣고 옮기다가는 대기하고 있는 용달차에 싣기 도 전에 흐트러져 이것들을 다시 주워 모으는 일은 가뜩이나 피곤한 사람들의 진을 빼게 만든다. 나의 풍부한 경험으로 판단해 볼 때 1만 5천 권을 옮기는 일은—그 책의 종류가 어떤 것들인지는 분명하지 않으나—그것이 대통령의 책이건 어느 사사로운 사람의 책이건 분명 간단한 일은 아니다.

 그런데 정작 대통령과 연관된 책의 이야기가 뉴스 거리가 된 이 마당에 있어서 더욱 사람들의 흥미를 자극하는 점은 이 뉴스가 나온 타이밍에 있다. 사람들은 지금 선거에서 패배하여 청와대를 떠나게 된 전임 김영삼 대통령에게 크게 실망한 상태이며, 경제가 파탄에 이른 국가의 장래에 대하여 크게 우려를 하고 있는 시점에 이 뉴스가 보도된 것이다. 사람들은 뒤늦게 전임 김영삼이라는 사람이 나라를 이 지경으로 만들어 놓은 것은 그가 본시 머리가 아주 나쁘고, 국가를 경영하는데 있어서 필수적으로 필요한 기본적인 지식조차도 없는 인물이었다는 평가를 내리고 있다. 그러니까 이번 책에 관한 뉴스를 신문에 보도하게끔 만든 이면에는 김대중 대통령은 어느 모로 보아도 전임 대통령과는 다른 장점과 강점이 있다는 사실을 강조하여 신임 대통령의 이미지를 고양하여 보겠다는 그의 충실하고도 영리한 보좌관들의 의도가 내재하여 있음이 분명하다.

 새 대통령이 이처럼 많은 책을 가지고 있다는 사실이 우리 국민들에게 전해주는 메시지는 분명하다. 이번에 당선된 우리 대통령은 전임자와는 달리, 아니 대조적으로, 아주 우수한 머리, 즉 지능을 타고난 사람이며, 전임자와는 달리 공부하기(책읽기)를 아주 좋아하는 분이며, 학문에 대한 정열이 대단한 분이시다. 비록 사정이 여의치 않아 대학을 다니지는 못했지만 그는 어느 대학 졸업자 못지않게 많은 책을 읽었으며, 아니 어느 대학 교수 못지않게 학식이 많으며, 집에서는 물론 감옥에 있는 동안에도 꾸준히 책을 읽어 대통령직을 수행하는데 필요한 만큼 이상의 지식을 이미 축적한 분이니 국민들은 안심하고 기다려 보라는 것이다.

이 분 앞에서 나는 기가 죽지 않을 수 없다. 이 나라의 대부분의 지식인들이 그러하듯이 나도 지금까지 정치인들을 우습게 보는 행복 속에서 살아왔다. 내가 이처럼 정치인들을 한 수 아래로 내려다보는 근본 이유는 아무래도 나는 그들보다 책을 더 많이 가지고 있고, 그러니 아무래도 그들보다 책을 한 권이라도 더 읽었다는 막연한 자부심이 있었기 때문이었다. 세속적인 권력과 그에 따른 영광, 그리고 돈 따위는 "에라 그런 것들은 너희들이나 먹어라" 하는 심정으로 기꺼이 그들에게 주어버리고, 나는 이 책의 왕국 속에서 제왕으로 군림하면서 행복하게 그리고 오만하게 지금까지 살아왔다.

그런데 이제 와서 이런 유식한 대통령이 나타나고 나니 나만의 그 성스러운 왕국의 독립과 주권이 아주 심각한 위험에 빠지게 됨을 인정하지 않을 수 없다. 지금까지 이 땅에서 그처럼 오랜 동안 전적으로 가난하지만 대단히 오만한 지식인들의 소유물이었던 책이, 지식이, 그리고 지능이, 이제는 이 탁월한 대통령의 출현에 의하여 박탈되었다고까지는 말할 수 없지만 최소한 정치가와 공유 내지 공점하게 되었다. 이 분이야말로 단순히 전임자처럼 대통령이 된 민주투사만이 아니다. 이분은 똑똑하다. 머리가 좋다. 책을 좋아한다. 많이 안다. 이미 15권 이상의 책을 손수 쓰기도 하였단다. 작가다. 경제학의 권위자다. 학자다. 철학자다.

   사람이 책을 좋아하고 가까이 한다는 것은 누구에게나 하나의 덕목이요, 책을 좋아하는 대통령을 갖게 된 것은 분명 그 나라를 위하여서는 덤으로 좋은 일이다. 특히 요즈음처럼 나라가 어렵고 심각한 경제적 위기에 봉착했을 때는 더 말할 나위가 없다. 그러나 그가 개인이건, 학자건, 교수건, 대통령이건, 그 사실을 너무 떠벌린다는 것은 하나의 허영이요, 자만이요, 나아가 유치한 일이다. 전임 김영삼 대통령이 대통령으로서 실패한 요인에는 여러 가지가 있을 수 있겠으나 나 개인적으로 생각하기에는 그가 자기의 오랜 정치적 라이벌인 현 김대중 대통령에 대한 어린애 같은 경쟁의식에도 그 한 원인이 있다고 생각한다. 그는 그의 정치적 경쟁자인 김대중 씨를 선거에서 패배시키고 대통령에 당선된 후에도, 그리고 5년 재임 기간에도, 그는 김대중 씨보다는 자신이 머리도 신체도 우월하다는 것을 온 세상에 보여주기 위하여 필사적이었다. 복수의 맛이야 일시적으로 더 할 수 없이 달콤하겠지만 혹시나 나는 현재 김대중 대통령과 그의 측근들이 전임자의 상대적 약점을 들추어냄으로써 재미를 보면서 전임자의 전철을 밟고 있지나 않은지 의심이 간다.

조심하라! 책을 좋아하는 대통령이 국민의 지도자로서 더 훌륭하고 더 성공적일 것이라는 보장은 없다. 혹시라도 김대중 대통령 당선자가 앞으로 5년 재임 동안 그의 전임자보다 확실히 더 "잘 했다"라는 평가가 나온다 하더라도, 그것은 그가 책읽기를 좋아하는 습관이 있다던가, 책을 많이 읽어 그 속에서 지식을 많이 습득했기 때문이라는 등식은 성립하지 않는다. 소위 리더십이라는 것은, 특히 민주국가에 있어서 리더십이라는 것은, 참으로 복잡하면서도 희귀한 능력이며 자질로서 그 구성 요소나 성분을 밝혀 내기란 결코 간단한 일이 아니다. 한 가지 분명한 사실은 그것은 책에서 얻어지는 지식은 아니라는 사실이다. 그것은 지식 위에, 아니 지식을 뛰어넘어 존재한다.

대통령이 책읽기를 좋아한다는 사실이 오히려 마이너스 요소로 작용할 위험도 있다. 만약에 그가 책을 많이 읽었기 때문에 자신이 그 누구보다 더 잘 알고 있고, 모든 것을 전부 알고 있다고 생각한다면, 그것은 한 나라를 이끌어야만 될 대통령으로서는 대단히 위험한 발상이다. 한 나라의 지도자로서 자기는 누구보다 민주적이고, 누구보다 깨끗하고, 정치 9단으로서 자신의 정치능력에 누구보다 깊은 확신을 가졌던 전직 대통령의 오만함에 우리는 모두 한번 크게 당한 사람들이다. 그런 전임 대통령의 오만함이 책을 전혀 읽지 않은 무식에 그 근원이 있다면, 현 대통령이 자신은 책을 많이 읽어 지식이 많다고 자만하는 태도 또한 종류가 다를 뿐 그 근본은 같다. 오만은 실패의 근원이다. 나는 신임 김대중 대통령이 자신의 말대로, 또는 그의 충직한 추종자들의 말대로, 진정으로 똑똑하고 머리가 좋은 사람이라면 책을 통하여 지식보다는 오히려 정직함과 겸손함을 배웠기를 간절히 바란다.

(1998년 5월)

별들의 전쟁

어떤 '격려사' 3편

회상

안개 속으로

별들의 전쟁

언제부터인지는 정확하지 않으나 학부 학생들은 나의 '영문학 개론' 시간을 "별들의 전쟁"이라고 부르고 있다. 학생들 가운데 수준 높은 질문을 하거나, 질문에 대답을 잘하거나, 자기가 공부한 것, 알고 있는 것을 조리 있게 발표하거나, 작품에 대한 감상이나 비평을 잘 했을 때마다 내가 칭찬을 해주면서 출석부에다 별표(*)를 기록하며, 이렇게 얻은 별들의 합계가 기말 성적에 지대한 영향을 끼친다는 사실을 모두 다 잘 알고 있기에 학생들이 매시간 이 "별" 하나 더 얻기 위하여 대단한 노력과 경쟁을 하다보니 자연스럽게 생겨난 별명이다.

나의 이 별난 이름의 문학 교수법은 내가 대학 강단에 처음 설 때부터 시작된 것은 물론 아니다. 나도 처음 얼마 동안은 내가 학생시절 교수들로부터 배우고 보아온 대로 영문 텍스트를 읽고, 해석하고, 감상하고, 숙제 내주고, 시험 치고, 점수 내고 하였다. 좋은 작품들만을 골라 읽으니 그런 대로 재미있었고, 보람도 느꼈고, 학생들도 좋아했고, 인기도 괜찮았다. 그런데 시간이 흐르면서 나는 차츰 힘도 들고, 지루하고, 뭔가 잘못 되어 가고 있다고 느끼게 되었다. 그 원인을 분석해보니 수업의 거의 전부가 나 하나의 '원맨 쇼'라는 사실에 가장 큰 원인이 있었다. 문학작품이라는 것이 지식의 매개체가 아니며, 또 그것의 교육이라는 것이 문학에 관한 지식을 전달하기 위함이 아니고 그 텍스트를 통하여 정서적, 도덕적, 윤리적, 심미적 경험을 하는 것이라면, 그런 경험을 스스로 할 수 있는 능력을 길러주는 것이 교실에서 이루어지는 문학 공부의 목표가 아니겠는가? 그런데 나는 그 동안 너무 혼자서 즐기고 흥분한 나머지 학생들 스스로가 이런 경험을 독자적으로 할 수 있는 능력을 길러주는 데 있어서 소홀하였던 것이다.

 우선 나의 가장 큰 잘못은 너무 많은 분량의 작품들을 학생들에게 읽히려고 욕심을 부린 데 있었다. 너무 많이 가르치려고 하니까 자연히 학생들보다 내가 항상 앞장서 서둘러 더 많은 말을 하게 되었고, 학생들이 생각할 시간이나 의견을 피력할 시간을 충분히 주지 못하였던 것이다. 학생들이 입을 열어 작품에 대한 자신의 의견을 다각도로 피력하게 만들다 보면 자연히 소화할 수 있는 작품의 분량은 강의식 방법보다는 적어질 수밖에 없다. 열 개의 작품을 대강대강 커버하기보다는 하나의 작품만이라도 철저히 제대로 분석하고, 따져보고, 음미하는 능력을 기르는 것이 더 낫다는 확고부동한 철학의 기초 위에 나의 문학 교수법이 자리잡게 되었다.

 작품의 제목부터 시작해서 한 줄 한 줄, 그리고 한 패라그라프 한 패라그라프씩 읽어 내려가면서 주로 학생의 발언으로 이루어지는 이 수업은 말은 쉽지만 실제로 현장에 적용하자면 곧바로 곤경에 직면하게 된다. 좀처럼 학생들이 입을 열려고 하지 않기 때문이다. 예를 들어 한 작품을 공부하기 전에 먼저 작품의 "제목"에 대하여 어떤 코멘트를 주문하면 즉시 교실 전체가 무거운 정적 속에 휩싸이게 된다. 어색한 침묵이 흐르고, 귀중한 시간은 흐르고, 이것이 무서워 교수가 다시 설명을 하게 되면 다시 전통 깊은 "강의식" 수업으로 복귀한다. 이런 때 알맞게 기다린 후 교수는 좀더 구체적이고 제한적인 질문을 던짐으로서 학생들의 발언을 유도한다. 교수가 질문이나 기타 어떤 힌트를 알맞게 동원하여 학생들의 입을 열게 하는 기술 내지 실력이 바로 이 "별들의 전쟁" 교수법의 성패를 좌우하는 알파요 오메가다.

 학생들이 입을 열지 못하고 침묵을 지키는 데도 여러 가지 이유와 유형이 있다. 아는 것이 없어서, 어떻게 말해야하는지 몰라서, 용기가 없어서, 부끄러워서 등등 이유가 많다. 학생의 질문, 발표, 대답 등에 대하여 교수가 일일이 그 메리트를 인정하여 출석부에 기록한다는 사실 자체가 대학생쯤 되는 자신들의 인격에 손상을 주는 치사스런 행위라고 못마땅하게 생각하여 입을 꾹 다물어버리는 자존심 강한 학생들도 있다. 그러나 구더기 무서워 장 못 담그랴. 학생 개개인의 지식이나 의견을 분명하게, 주저 없이, 즉석에서, 구두로 발표할 수 있는 능력을 함양하는 것, 이 중대한 목표를 몇몇 사람의 침묵시위가 두려워 포기할 수는 없다.

오히려 더 큰 문제는 자신의 지식을 다른 학우들 앞에서 발표하여 인정도 받고, "별"도 얻는 기쁨과 스릴 때문에 항상 너무 많은 숫자의 학생들이 한꺼번에 손을 들어 발언을 신청하는데 있다. 발언을 한 학생 모두에게 별을 줄 수도 없으려니와 또 주어서도 안 된다.

개중에는 다루어지고 있는 주제와는 거리가 먼 얼토당토 않은 발언을 하여 교실 전체를 폭소의 도가니로 몰아넣어 수업 분위기를 망쳐놓는 그런 학생도 있고, 때로는 알든 모르든 손만 들어 발언을 하다보면 어쩌다가 별이 하나 굴러 떨어질 것이라는 계산에서 무조건 계속해서 손을 드는 학생도 있다. 이런 학생의 발언은 교수가 끝까지 들어줄 것이 아니라 중간에 매정하게 발언을 중단시킴으로서 장본인에게 망신도 주고, 동시에 수업분위기를 긴장시키고, 발언의 질을 높이고, 진도를 촉진하여야만 한다. 발언을 중단시킬 뿐만 아니라 그

죄질이 나쁠 때는 별은커녕 오히려 "파울"을 선언하고 출석부에는 "F"로 기록해 둔다. 이 "F"의 누적이 기말성적 산출에 어떤 영향을 끼치는지 학생들은 물론 잘 알고 있다.

이처럼 언뜻 보아 학생의 의견과 발표 및 토의가 수업의 핵심이 되는 나의 문학교실에서는 상대적으로 교수의 역할이나 능력, 또는 권위가 덜 요구되거나 약화될 것이라는 우려나 근거는 없다. 오히려 그와는 반대이다. 이 교실에서 교수는 진정 교향악단의 지휘자요, 운동경기의 심판과 같은 자질이 요구되며, 동시에 그에 상응하는 권위와 특권을 누릴 수 있다. 또 그래야만 한다.

나의 이 "별들의 전쟁" 교실에서는 필답으로 치러야만 하는 중간고사나 기말고사는 없다. 별을 따야만 하는 매 시간이 바로 시험이라고 학생들은 잘 알고 긴장하고 있다. 성적평가에는 이 별들의 합계와, 출석점수, 그리고 숫기가 없어서 한 학기 내내 입을 봉하고 앉아만 있어 그 흔한 별을 하나도 건지지 못한 얌전한 학생들을 고려하여 3회 정도 과하는 페이퍼(200자 원고지로 10장에서 20장 이내)가 포함된다. 말주변은 없어도 글로써는 자기의 의견을 훨씬 더 분명하게 잘 나타내는 학생들에게는 이 페이퍼가 실력을 나타낼 절호의 기회다. 그러나 아무리 출석이 만점이고 리포트가 우수하다 하더라도 일정한 수의 별이 없으면 A^+는 얻을 수 없다.

어떤 교수법이건 간에 완전하고 완벽한 것은 없다고 나는 생각한다. 어느 한쪽을 강조하다보면 자연히 어느 한 구석이 소홀해지게 마련이다. 나의 이 문학 교수법의 내용은 크게 말해서 문학비평이다. 그 능력의 함양이다. 나의 이 방법은 학생들이 혼자서 수준 높은 영문 텍스트를 읽고, 해석하고, 이해할 수 있다는 전제 하에서 행하여진다. 여기에 문제가 있음을 나는 인정한다. 그렇다고 해서 나는 나의 문학공부 시간이 영어공부 시간으로 전락하는 것은 용납하지 않기로 하였다. 텍스트 가운데 아주 그 문장이 어렵다거나 그 의미가 애매모호하여 학생들 수준으로는 도저히 이해할 수 없다고 판단되는 부분은 교수가 미리 알고 있다가 학생들로 하여금 질문을 유도하고, 그 질문을 한 학생과 학생들 가운데 그 어려운 부문을 미리 공부해 와서 무난히 해결한 학생에게는 당연히 별이 주어진다. 그런데 이런 부분은 한 작품을 통하여 몇 개 안 되며, 또 몇 개 안 되도록 교수가 통제하여야만 한다.

  별것도 아닌 나의 영문학 교수법을 뭐 대단한 것이라도 되는 듯이 이처럼 떠벌려 놓고 보니 쑥스럽고 민망하기 그지없다. 떠벌리기만 하였지 정작 구체적으로 "그렇다면 어떻게?" 수업을 진행하는지 핵심은 빠져있다. 제한된 지면 때문이다. 한마디로 문학작품을 교실에서 공부함에 있어서 학생들 스스로가 작가가 되어 작품의 창작과정을 엿보거나, 그 과정에 감히 참가하여 보는 것이 이 "별들의 전쟁"의 드높은 이상이다. 이상일 뿐이다. 실제로는 나 자신의 자질과 능력 미달로 인하여 여기에 훨씬 못 미친다.

    그럼에도 불구하고 이 "별들의 전쟁"을 한 10여 년 이상 해오다 보니까 입에 입을 통하여 나도 모르는 사이 적어도 우리 동네에서는 하나의 별난 "교수법"으로 굳어진 것은 사실이며, 나도 이력이 나고 학생들도 익숙해졌다. 나의 과목을 이미 수강한 선배들은 나의 과목을 신청해 놓고 소문만 듣고 초조해하는 후배들에게 이렇게 저렇게 대비하라고 미리 코치를 해주고는 술도 얻어먹는다고 들었다. 졸업생들도 만나면 "교수님, 지금도 그 '별들의 전쟁'은 계속되고 있습니까?" 하고 묻고는 알 수 없는 웃음을 웃는다. 전쟁에서 받은 상처 때문인지 훈장 때문인지 나로서는 알 수가 없다.

                                                    (1999년 3월)

어떤 '격려사' 3편

1

　요사이는 정치적인 이유 때문에 사회가 대단히 시끄럽고 불안하다. 학교도 마찬가지다. 매일같이 떼를 지은 젊은이들의 고함 소리가 캠퍼스 여기저기서 터져 나오고, 돌과 최루탄이 날고, 유리창이 깨지고, 머리가 터져 피가 흐르고, 몇몇 학생은 경찰서에 붙잡혀 가고, 한마디로 야단법석이다. 전쟁터나 다름없다. 외부에서 보면 우리나라 대학생들은 모두가 공부는 뒤로 제쳐두고 오직 데모만 하고 있는 것처럼 보일는지도 모른다.

　그러나 이런 와중에도 항상 다른 일을 하는 사람도 있게 마련이다. 조용히 그러나 더 정열적으로 뜻있는 삶을 찾기 위하여 보이지 않는 곳에서 땀을 흘리는 사람들이 이 세상에는 항상 더 많이 있어 우리의 장래는 더 밝다고 하겠다. 본능적으로 일어나는 정치적 사회적 정의감이나 개인적인 욕구와 불만, 그리고 좌절감을 억누르면서 좀더 영구한 가치를 찾아 보기 위하여 노력하고 고민하는 이 젊은이들은 따지고 보면 이 세상 무엇에도 비교할 수 없는 영웅적인 싸움을 하고 있는 것이다.

우리 '클래식 기타' 반원들의 활동은 진, 선, 미를 추구하는 젊은이들의 소리 없는 아우성이다. 폭염도 아랑곳하지 않고, 연습장소가 없어도 불평하지 않고, 서로 주머니를 털어 격려하여 가며 면면히 계속되는 이 노력은 누가 무어라 해도 대학의 과외활동으로서는 으뜸가는 본보기라고 확신해도 좋을 것이다. 끊임없는 정진을 모든 단원들에게 당부한다.

(1982년 10월)

2

내가 학생 서클 가운데 하나인 '클래식기타 반'의 지도교수라는 사실을 뒤늦게 알게 된 주위의 동료들은 나에게 흥미 있는 눈길을 보낸다. "어, 저 사람이 언제 기타 공부도 했단 말인가?" 하는 의아스러움과 부러움이 뒤섞인 표정으로 나를 바라본다. 이런 사람들의 대부분은 나와 가까운 사이가 아니기 때문에 정식으로 질문을 해 오지는 않는다.

그러나 그 중 나를 아주 잘 아는 사람들은 아주 노골적으로 놀려댄다. "아니 세상이 잘못 되었어도 한참 잘못 된 일이지 어떻게 당신이 '클래식기타 반'의 지도교수가 될 수 있단 말이요? '영어회화 반'이라면 또 몰라도. 참 웃기는 일도 다 있군."

옳은 말이다. 주변을 둘러보니 대학 서클의 지도교수들은 모두 그 방면의 베테랑들이다. '유도 부'의 정모 교수는 유도가 3단이란다. '테니스 부'의 이모 교수는 대학시절 국가대표 선수까지는 아니었지만 나름대로 알아주는 테니스 선수였다고 한다. 영어회화 반의 최모 교수는 미국에서 십여 년 이상 살아서 우리말보다는 오히려 영어가 말하기와 쓰기에 더 자유롭다는 말을 들었다. 그런데 나는 솔직히 말해서 클래식기타는 지금까지 만져본 적이 없다.

부끄러운 일이나 세상에 '기타'란 악기가 있다는 소리는 들었어도 그 앞에 "클래식"이라는 고상한 형용사가 붙는 악기가 있다는 사실을 알게 된 것도 아주 최근의 일이다. 그런 내가 이런 수준 높은 서클의 지도교수를 맡았으니 영광스럽기 이전에 아주 염치없고 뻔뻔스런 일이다.

더욱더 뻔뻔스런 일은 내가 담당하고 있는 우리 중앙대학교 '클래식기타 반'의 수준이 날로 향상되어 언젠가 세계순회공연을 떠날 때 단원들이 밉게 보지 않고 불쌍히 여겨, 아니면 아무 것도 모르고 하는 일도 없으면서도 그 자리를 내놓지 않고 끈질기게 붙잡고 있는 그 끈기에 감동되어 "지도교수님도 이번에 함께 가시지요" 하지나 않을까 하는 꿈을 한 달에도 몇 번씩 꾸고 있다는 사실이다.

(1983년 10월)

3

해마다 가을에 열리는 '클래식기타 정기연주회' 프로그램에 〈격려의 글〉을 써야만 되는 것도 지도교수로서 해야만 되는 귀찮은 일 중에 하나이다. 아니, 하나가 아니라 전부이다.

가끔 서클의 회장이나 총무 되는 학생이 무슨 서류를 가지고 와 도장을 찍어 달라고 하는데 그 일이야 백 번을 해주어도 힘들 것 없다. 설마 도장을 잘못 찍어 우리 집 날아갈 리는 만무하기 때문이다. 자고로 '클래식기타 반' 학생들은 다른 서클의 학생들과는 달리 모범생들이어서 말썽을 일으키는 법도 없으니 안심하고 꽝꽝 찍어 준다. 찍어 주면 그만이다.

그런데 〈격려의 글〉을 쓰는 일만은 그렇지가 않다. 우선 해마다 내용이 새로워야만 되고 동시에 지극히 도덕적이고 교훈적이어야만 된다는 부담이 있다. 내 이름과 사진이 큼직하게 나오니 볼 사람 안 볼 사람 모두 읽게 된다. 헛소리 쓰면 흉잡히고, 고상한 소리하면 "이 사람 이제 공자님 다되었군," 하면서 비꼬아 댄다. 프로그램의 첫 페이지에 나오니 자연히 모든 사람들의 눈에 띄게 마련이고 지도교수님 말씀이니 어떤 내용일까 해서 다른 것은 젖혀 놓고라도 이것만은 읽는다. 지난해 정기연주회에 참석하는 사람들이 모두들 프로그램을 하나씩 손에 받아 들고 입장하는 것을 나는 보아서 알고 있다. 겁나는 일이다. 지난해 써먹은 것을 그대로 또 써먹어 볼까 생각해 본다. "이 친구 이제는 밑천이 다 떨어졌군. 새 지도교수로 바꾸어야겠어." 하는 서클 지도급 학생들이 모여 의논하는 소리가 들리는 것만 같다.

   창피하다. 가슴이 뛰고 얼굴이 붉어진다. 쫓겨나지 않으려면 무엇인가 이번에도 히트 작을 내어야만 되겠다. 지난해의 것보다 더 멋진 〈격려의 글〉을 생각해 내어야만 하겠는데 좋은 생각은 떠오르지 않고 언제까지 꼭 써 달라는 총무 학생의 험상궂은 얼굴만 떠오른다.

   이젠 나도 늙었나 보다. 끝장이다. 더 망신당하기 전에 사표를 내야겠다. 하기야 대 중앙대 '클래식기타 반' 지도교수 3년 했으니 이제 여한도 없다. 이번 정기연주회가 끝나면 나는 사표를 내겠다. 단원들의 연주실력은 해마다 현저하게 발전하는데 지도교수의 격려사 실력은 해마다 퇴보하는데 대한 책임을 지고.

(1984년 10월)

회상

　나는 주로 미국의 젊은 학자와 예술가들에게 그 기회와 혜택이 주어지는 NEH(National Endowment for Humanities) 프로그램의 일환으로 1988년 6월 13일부터 8월 5일까지 8주일간 미국 일리노이대학 시카고 캠퍼스에서 "미국문화비평"이라는 주제로 마크 크럽니크 교수 주관 하에 개최되었던 세미나에 참가하는 행운을 누린 사람이다. 이 모임에는 미국 각처로부터 14명의 젊은 교수들이 참석하였으며, 나도 그 중 한 사람이었다.
　마크 크럽니크 교수는 이번 세미나를 주관하는 총책임자이자 내가 제일 처음 만난 사람이었다. 내가 시카고에 도착하는 날 그는 오헤어 공항에 나와 나를 맞아 주는 친절과 영광을 나에게 베풀어 주었다. 사실 밤늦게 낯선 땅 그 큰 공항에 혼자 내려 목적지를 무사히 찾아간다는 현실 앞에 나는 적지 않게 불안하였다. 공항에 내려서 어떤 교통기관을 이용하여 어디까지 와서 어떻게 하라는 안내문과 약도는 가지고 있었지만 목적지에 가까워지면서 나는 불안하고 초조하였다. 시카고와 같은 미국의 대도시가 위험한 곳이라는 것쯤은 나도 본능적으로 알고 있었다. 더구나 도착시간은 밤 12시가 훨씬 넘은 새벽 2시경이었다. 크럽니크 교수는 나를 자기 차에 태워 나의 숙소로 내정된 일리노이 대학교 시카고 캠퍼스 "외빈 숙소"까지 데려다 주었다. 밤늦은 시각이라 그런지 크럽니크 교수도 길을 잘 모르고 있었다. 사람의 발길이 끊긴 황량한 시카고 뒷골목을 여러 차례 시행착오를 겪은 후 마침내 우리는 목적지에 안전하게 도착하여 커다란 안도의 한숨을 내쉬었다. 외국인으로서 먼 곳에서 오는 나에 대한 크럽니크 교수의 각별한 배려가 없었던들 나는 아마도 세미나에 참석하기도 전에 어떤 종류의 커다란 사고에 직면하였을 것이 틀림없었다.

그는 언제나 말하는 데 있어서 부드러웠고 태도에 있어서는 겸손하였다. 그의 대단한 학문적 업적에 따른 명성에도 불구하고 그는 뽐내는 법이 없었다. 그의 자필서명이 들어 있는 대표적 저서 『라이오넬 트릴링 : 문화비평의 운명』이라는 책을 펼칠 때마다 그의 얼굴과 그가 나에게 베풀어준 친절에 대한 기억이 새삼스럽게 떠오르고 그리워진다. 지금도 일리노이 대학의 교수로 계시는지, 그의 연구실이 아직도 그 괴물같이 크고 우악스럽게 보였던 "유니버시티 홀"의 19층에 있는지, 아니면 지금은 정년퇴직을 하고 한가하게 낚시질이나 즐기고 계신지, 이제는 말해주거나 알려줄 사람도 기회도 없다.

워렌 해리스 씨는 나이 40정도의 젊은 학자로서 내가 시카고에 도착한 시각부터 끝나는 날까지 줄곧 함께 "외빈 숙소 212호실"을 나와 함께 사용한 교수였다. 나중에 알게 된 일이지만 그는 이 시카고 교외에 위치한 명문 사립대학인 노스웨스턴 대학에서 T. S. 엘리옷을 전공하여 박사학위를 받았으며, 현재 사우스웨스트 버지니아 대학에서 가르치고 있었다. 그에게 있어서 이 거대한 도시 시카고는 고향이나 다름없어 보였다. 시카고 구석구석을 모르는 곳이 없었고 이 도시에 대하여 아는 것도 많았다. 이곳에 도착한 순간부터 세미나의 마지막 날까지 나는 이 해리스 씨에게 나의 생활은 물론, 생존 자체를 전적으로 의존하지 않으면 안 되었다. 나는 염치 불구하고 그의 소유물인 스푼, 포크, 칼, 컵, 접시, 프라이팬 등을 나의 물건처럼 사용하였다. 그는 이와 같은 나의 무례함을 인내와 관용을 가지고 바라보았으며, 어디서 저와 같은 무뢰한이 왔나 하는 놀라움과 즐거움을 가지고 참아주는 눈치였다.

그는 식료품을 사러 갈 때마다 나를 그의 오래된 스테이지왜건에다 태우고 함께 갔다. 그리고 그는 나를 시카고에서 가볼만한 유명한 문화적 유적과 행사에 빠뜨리지 않고 동행해

주었다. 그는 나에게 미국식 팬케이크를 만드는 방법을 가르쳐 주었을 뿐만 아니라, 동전을 넣어서 돌리는 세탁기의 사용법도 자세하게 또 친절하게 가르쳐 주었다. 그는 우리가 함께 쓰는 숙소를 언제나 깨끗하게 유지하였고 정리정돈에 있어서 아주 철저하였다. 그는 식사를 마친 후 내가 접시를 닦겠다고 나서도 굳이 허락하지 않았다. 나의 설거지하는 태도와 청결에 대한 기준이 그의 유난히 깔끔한 성격에 들지 않았기 때문이었다.

  세미나에서 그는 행동에 있어서나 언어구사에 있어서 크게 드러나지는 않는 평범한 사람이었으나 개인적으로는 아주 매력이 있고 유머 또한 풍부한 사람이었다. 세미나가 개최되고 있는 동안 약 일 주일간 고향 버지니아에 살고 있는 그의 가족들이 여름 휴가 차 그를 방문하였을 때 그가 그의 아내와 두 아들 제레미(8살)와 콜린(10살)에게 보여준 아버지와 남편으로서의 지극한 사랑과 정성은 참으로 모범적인 것이었다. 그는 낭비하는 것이 없었다. 돈과 시간은 물론 휴지 한 장도 헛되이 쓰는 법이 없었다. 그의 부지런함과 절제하고 절약하는 태도 앞에서 나는 여러 번 부끄러워 얼굴이 붉어져야만 하였다. 나의 주변의 사람들이 미국 사람들에 대하여 마치 그 사람들은 모두가 사치스럽고 낭비가 심하다거나, 또는 도덕적으로 어떻고 저떻고 비난하는 소리를 들을 때가 자주 있다. 그럴 때마다 나는 혼자 중얼거린다, "다 그렇지는 않지. 워렌 해리스 씨를 보라구."

　디어본에 위치한 미시간 대학에서는 멜리타 쇼옴이라는 젊은 여자 교수가 왔다. 지금도 그 여자의 크고 푸른 아름다운 눈과 파도치는 듯한 금발이 생생하게 떠오른다. 이 여교수는 아직 결혼을 하지 않았었는데 행동과 태도에 있어서 너무나 자연스럽고 자유분방하여 거칠 것이 없었다. 세미나가 열리는 처음 날에 있었던 모임에서 이 여자는 이 세미나의 지도교수이며 아버지뻘 되는 나이의 크럽니크 교수에게 태연히 담배를 하나 달라고 하여 피워 무는 것을 나는 옆에서 흥미있게 바라보았다.

　다른 것은 다 잊어버렸지만 이 여자가 세미나에서 발표한 논문의 제목만은 세월이 많이 흐른 이 시점에서도 아직도 잊지 않고 있다. 어찌 그것을 잊으랴! "멘켄과 미국문화의 성기발기지속증"(H. L. Mencken and American Cultural Priapism)이라는 희한한 제목이었다.

　나는 그 "성기발기지속증"(Priapism)이라는 단어의 뜻을 몰라 다른 사람들이 어째서 웃고 있는지를 몰랐다. 나중에 사전에서 그 단어의 뜻을 찾아 알고 난 다음에는 혼자서 마음껏 크게 웃었다. 이 여자의 논문 내용은 미국의 유명한 문인이며 대표적 문화비평가로 알려진 H. L. 멘켄은 "성기지속발기증"에 걸린 환자와도 같이 남성의 우월성에서만 치우쳐 여성들의 존재를 인정하지 않았다는 사실을 들어 멘켄과 미국 사회의 풍토가 여성들에게는 불공평하다는 사실을 지적한 것이었다. 나는 이 희귀한 병리학적인 단어 "성기발기지속증"을 이처럼 사회적 병폐현상의 메타포로 알맞게 그리고 짓궂게, 그리고 대담하게 사용한 이 젊은 여교수의 재치와 용기에 감탄하지 않을 수 없었다. 그런데 지금도 알 수 없는 일은 당시 세미나에 참석한 사람들 가운데 아무도 이 단어의 사용에 대하여 나처럼 진지한 흥미와 관심이나 당혹감을 나타내는 사람은 없었다는 사실이다. 모두들 그저 하나의 의학적 또는 병리학적 단어로 받아들이고 거기에 어떤 다른 해괴한 연상이나 해석은 아예 시도하지 않는 눈치였다. 결혼도 하지 않은 젊은 여자가 하고많은 어휘들 가운데서 하필이면 그런 음란한(?) 단어를 공공연히 부끄러움도 없이 사용하느냐고 호통을 치고 싶은 사람은 용기가 없어서 물어 보지도 못했지만 한국에서 온 도덕가 나 하나뿐이었음이 틀림없었다.

캘리포니아 싼타 바바라에 있는 캘리포니아 대학에서는 제프리 시걸이라는 젊은 교수가 왔다. 세미나 처음 날부터 그는 한국에서 온 나에게 아주 친절하게 잘 대해 주었다. 그는 하루 틈을 내어 미국에서 가장 오래되고 아름답다는 시카고 컵스 야구단의 홈 구장인 전설적인 리글리 구장에서 벌어진 시카고 컵스 대 뉴욕 메츠 사이의 경기에 나를 데리고 가 주었다. "나는 야구장에 와야 비로소 미국에 민주주의가 있음을 느낀다."고 그가 그 날 나에게 무심코 한 말을 나는 지금도 기억하고 있다. 그 날 그 야구장에 모인 사람들이 만들어 내는 그 분위기를 경험한 사람이라면 누구나 제프리 시걸 씨의 견해에 동의할 것이다. 참으로 거기에서는 남녀노소, 지위, 신분, 종족, 인종을 모두 초월하여 하나가 되어 즐거워하는 평등을 누리고 있었다. 글자 그대로 하나가 되어 홈팀을 응원하고 있었다.

애석하게도 홈팀인 시카고 컵스가 경기에 지고 있었다. 내가 앉아 있는 좌석 근처에서 별안간 커다란 고함 소리와 함께 관중 사이에 주먹 싸움이 벌어졌고 그 싸움을 구경하고자 즉시 많은 사람들이 모여들었다. 싸움에 구경꾼이 모이는 것은 한국이나 미국이나 다름이 없었다. 싸움은 곧 경찰의 출동과 함께 끝 났다. 추측컨대 홈팀이 지고 있기 때문에 불만이 엉뚱한 곳으로 터진 모양이었다. 이번에는 별안간 커다란 웃음소리가 뒤쪽에서 터져 나왔다. 뒤돌아보니 누군가가 참아 입에 담기 어려운 상스러운 욕이 쓰여진 플래카드를 내걸어 이기고 있는 뉴욕 메츠 팀에 대한 야유를 보내고 있었다. 사람들은 좋다고 박수도 치고 웃고 야단들이었다. 어찌 되었건 그 날의 경기는 6 : 2로 홈팀 시카고 컵스의 패배로 끝났다.

상대방을 압도하는 거구에 더부룩한 턱수염이 유난히 눈을 끄는 스티븐 라인하트 씨는 오하이오에 있다는 웨스트마전문대학 교수였다. 그를 보는 순간 나는 곧 영화배우 오손 웰즈와 벌 아이브즈를 연상하였다. 그는 체격에 비하여는 어찌나 말을 빨리 하는지 처음에는 도저히 따라갈 수가 없었다. 세미나가 진행되는 가운데 그의 질문은 항상 날카로웠고 가시가 돋쳐 있는 듯하여 상대방을 긴장시켰다. 처음 얼마 동안 나는 이 사람이 무서워 기회가 있어도 가까이 가지 않고 피했다. 그런데 정작 시간이 흐름에 따라 개인적으로 미국의 문화와 정치 일반에 대하여 나는 이분과 가장 많이 솔직한 의견을 교환하였으며, 나중에는 이 사람을 퍽 좋아하게 되었다.

   무엇보다도 이분은 솔직해서 좋았다. 그는 세미나에 참석한 다른 미국사람들과는 달리 자기 자신의 사생활에 대하여 많은 것을 나에게 알려주었다. 나이는 당시 나와는 동갑인 48세로서 이혼을 하여 혼자 살고 있다고 말하였다. 신기하게도 나처럼 왼쪽 귀가 잘 들리지 않는다고 말하기도 하였다. 나도 그렇지만 지금까지 누구에게 자발적으로 이런 말을 해본 적은 없었다. 내가 이 분이 한국음식을 특히 좋아한다는 사실을 알고 시카고 시내 클라크 스트리트에 위치한 한국음식점 "서울 하우스"에 초대하였을 때 그는 나온 김치가 어째서 이 정도밖에는 맵지가 않으냐고 대단한 불평을 하였다. 하루하루의 삶을 겁 없이 유감 없이 신나게 사는 부러운 사람이었다. 그는 과거에 필라델피아에서 택시기사 노릇을 몇 년 한 경력도 있노라고 하였다. 그가 지금까지 살았던 도시 이름들은 거의가 미국의 대도시들을 모두 망라하고 있었다. 기질적으로 한 곳에 나처럼 진드기처럼 쩨쩨하게 오래 머물지 못하는 사람인 것이 분명하였다.

그는 세미나가 있는 동안 실수로 미국의 해군 함정에 의하여 격추되어 사망한 이란 국적의 여객기 승객에 대하여 미국인으로서 진지한 애도와, 그런 실수를 저지른 미국의 행위에 대하여 분노를 표시한 몇 명 안 되는 미국인 가운데 한 사람이었다. 그는 한때 공군으로서 유럽에서 근무한 적이 있다고도 말하였다. 나에게 있어서 이 스티븐 라인하트 씨야말로 자유롭고, 독립적이며, 개인적이고, 항상 움직이고 떠돌아다니며, 추구하고, 의문을 품는, 미국정신의 생생한 구현이었다. 지금 그는 무엇을 하고 있을까? 어디에 있을까? 궁금한 것은 이뿐이 아니다. 그의 운전습관이 이제는 좀 나아졌는지도 궁금하다. 내가 지금까지 만나 본 사람들 가운데서 스티븐 라인하트 씨는 난폭한 운전에 있어서는 단연 으뜸이었다.

비록 길지도 않은 8주간의 기간이었지만 그 동안에도 일어날 일은 모두 일어났다. 일리노이 주 오크턴 전문대학에서 온 마이클 대보라스는 세미나가 진행되는 가운데 새로 집을 사서 이사를 하였다. 부엌을 개조하느라고 바쁘다는 불평을 하면서도 새집을 장만한 만족감과 행복감이 얼굴에 온통 넘쳐 나고 있었다. 플린트에 소재한 미시간 대학에서 온 윌리엄 록크우드 씨는 700달러나 주고 샀다는 새 자전거를 시카고에 도착하는 날 도적 맞고는 울상이 되었다. 그는 자전거를 타고 세미나에 온 유일한 사람이었다. 제프리 시걸의 자동차에는 어느 날 밤 도둑이 들어 고급 스테레오를 떼어 갔다. 어바인에 위치한 칼리포니아 대학에서 온 데보라 윌슨 교수는 새 학기부터는 강의를 줄 수 없다는 대학당국의 통고를 받고 아주 의기소침하였다가, 다행히도 일리노이 주립대학교에 자리를 다시 얻게 되어 잠시 잃었던 명랑성을 되찾았다. 애든즈에 있는 테네시 웨스리안 대학에서 온 제프리 포크스 교수는 병이 나서 세미나 도중에 집으로 돌아가야만 하였다. 제인 튜마스 세르나라는 여교수는 지금까지 근무한 조지아 주 베리 전문대학에서 버지니아 주에 있는 홀린즈 전문대학으로 직장을 옮겼다. 이 여자는 이제부터 자기가 평소에 가르치고 싶었던 "매스커뮤니케이션" 과목을 가르치게 되었노라고 크게 자랑하며 기뻐했다. 뉴욕의 쿠퍼 유니언 대학에서 온 쏘니아 세이어즈 여교수는 세미나 동안에 미국의 유명한 여류 작가이자 철학자인 스잔 손타크에 관한 자서전의 집필을 완성하는 업적을 남겼다. 메리타 쇼옴과 제프리 시걸은 서로 사랑에 빠졌다고들 쑤군대기도 하였다. 이 둘은 일찌감치 세미나 참석자들이 묵게 되어 있는 "외빈 숙소"에서 빠져나가 함께 방을 얻어, 먹고 자면서 공부한다고 했다.

 나는 이 세미나에 참가한 사람들 가운데 유일한 외국인이었다. 그러나 세미나가 끝나갈 때쯤 되어서 나는 나만이 외국인이라는 생각을 고쳐먹게 되었다. 엄격한 의미에서 미국 사람들은 모두가 외국인이라는 느낌이 점점 더 커져만 갔다. 우선 미국이라는 땅덩어리가 한국 사람의 기준으로는 한 나라가 되기에는 너무 넓다. 미국 사람들이 서로 떨어져 살 수 있는 거리가 최대로 잡아 서울과 부산 사이의 거리 정도로 생각한다면 그것은 너무나 큰 잘못이다. 비록 같은 말을 사용한다 하더라도 수천 마일 서로 떨어져 살 때는 우리처럼 옹기종기 모여 사는 사람들처럼 서로 그렇게 가깝게 느낄 수는 없을 것만 같다.

거기다가 이 세미나에 모인 사람들의 성만 한번 들어보자. 대보라스, 포크스, 하킨즈, 키비스토, 로크우드, 세이어즈, 튜마스, 세르나, 월하우트, 윌슨, 크럽니크, 해리스, 시걸, 쇼옴, 라인하트 어느 것 하나 같은 것이 없다. 만약 우리나라 사람이 14명 모여 세미나를 열었다고 가정해 보자. 보나마나 거기에는 김씨와 이씨가 오륙 명은 될 것이고, 나머지는 최씨나 박씨가 차지할 것이다. 미국 사람들에게 있어서 이 성이야말로 가족의 이름이자 그들의 조상의 나라를 지칭한다. 내가 만약 처음부터 나의 이름을 존(John)이나 톰(Tom)으로 고치고 조상이 한국에 살았던 한국계의 후손이라고 처신하였다면 아무도 나를 외국인으로 취급하지 않았을 것이다. 한마디로 미국은 외국인들의 나라다. 존 리(John Lee), 어때요? 미국사람 같지요?

이와 같은 미국 사람들이 가지고 있는 '외국인성'은 아마도 이들이 지구상 세계 어느 나라 사람들보다 분명히 더 많이 가지고 있는 외국인에 대한 관용과, 서로 다른 풍속이나 습관에 대한 본능적인 배척이나 비판보다는 폭넓은 포용력 내지 이해력의 근본을 이루고 있다고 생각된다. 그들은 주변에서 벌어지는 문화적 차이에서 오는 다양한 생활양식이나 습관 또는 사고 방식에 대하여 수천년 이 한반도에서 살아온 단일문화권의 단일민족처럼 확고한 기준을 가질 수 없기에, 만사에 있어서 우리처럼 성급하게 판단하거나 비난하기보다는 마음에 들지 않거나 눈꼴사나운 것이 있어도 이해하려고 노력하거나, 너그럽게 보아 넘기려고 한다. 예를 들어 이태리 사람들의 식사습관이나 음식이 아랍 사람들의 그것과 같을 수 없을 때 그들은 서로 옳다고 주장하기보다는 상대방의 것이 편리하고 실용적일 때는 받아들이고, 자기에게 위험하거나 해를 끼치지 않는 한 그대로 보아 넘기는 타협과 관용의 정신이 생겨난 것이다. 그러니까 미국 사람들이 아무런 비난이나 반대를 하지 않고 넘어간다고 해서 그것이 꼭 그들이 우리가 하는 방법이나 습관을 옳다고 생각한다거나 크게 좋아한다고 생각했다가는 정말 작은 코 다친다.

 세미나가 진행되는 동안의 미국생활은 다 좋았는데 딱 한 가지 그곳에서는 도저히 즐길 수 없는 것이 있었다. 미국의 친구들과 어울려 많은 이야기를 나누면서 웃고 즐기기도 하였지만 나는 항상 무엇인가 놓치거나 빼놓은 것이 있다는 공허하고 허전한 느낌을 받았다.

나는 그것이 무엇이라는 것을 세미나가 끝나고 집에 돌아와서 비로소 깨달았다. 그렇다. 바로 험담, 그것이었다. 나는 8주 동안 누가 어떻고 저떻고 하는 험담을 하는 즐거움을 그곳에 있는 아무와도 가질 수 없었다. 누구와 어느 누구에 대하여 험담을 하자면 상대방을 전적으로 신뢰하여야만 가능한데 이것이 말처럼 그렇게 쉬운 일이 아니었다. 나에게 숟가락 젓가락 다 빌려주고 함께 방을 쓰고 밥도 같이 먹은 워렌 해리스 씨와도 나는 감히 멜리타와 제프리가 사랑에 빠져 동거 생활에 들어간 사실에 대하여 입이 간지러워 죽을 지경이었으나 감히 먼저 입을 열지 못하였다. 이 문제에 관하여서는 이 친구도 나를 못 믿는 모양이었다. 험담에는 우정 이상의 공모 내지 음모에 가까운 정신적 유대감이 필요하다. 험담을 나눌 수 있는 친구가 진짜 친구다. 만나서 남북통일이나 세계 평화를 논하다 헤어지는 친구는 진정한 의미에서 친구가 아니다. 이 험담이라는 양념이 들어가지 않은 대화의 요리는 아무리 그 모양새가 그럴 듯하고 분량이 풍부했다 하더라도 맛이 있을 수 없었으니 죽을 노릇이었다. 미국 사람들은 이 지구상에서 험담이라는 죄악에 물들지 않은 가장 순수하고 순진한 사람들이었다. 나처럼 험담꾼들의 본고장에서 태어나 그 진미를 일찌감치 터득하였고, 그것을 지금 이때까지 부단히 실습하여 상당한 수준에까지 이른 내가 이것이 없이 꼬박 두 달이나 지내야만 했다는 사실은 김치를 먹을 수 없었다는 사실과는 비교가 될 수 없는 하나의 고문이요 저주였다.

  우리의 세미나가 열렸던 건물 "스티븐즈 홀" 입구에는 길다랗게 늘여 놓은 듯한 카누 모양의 돌 조각품이 하나 놓여 있었다. 이 조각품의 제목은 "작은 배"라는 소박한 것이었다. 나는 처음 이 제목의 자명함에 실소를 금할 수 없었다. 그러나 사람들의 눈에 잘 뜨이지 않도록 의도적으로 조각품의 뒤쪽에 새겨진 "깊은 바다"라는 또 하나의 제목을 발견하고는 나는 자못 심각해졌다. 이 조각품을 지나면서 나는 우리의 세미나를 이 조각품에 비유하게 되었다. 분명 우리의 세미나는 깊고 넓은 학문의 바다 위에 떠 있는 조그만 배 한 척이었다.

  이 배는 분명 요사이 유행하고 있는 모든 "모더니즘"의 첨단 문학이론의 레이더 장비를 갖춘 막강한 군함도 아니었고, "포스트모더니즘"의 대가들이 승선한 화려한 호화 유람선도 아니었다. 그러나 우리가 탄 배는 작았고 외견상 보잘것없었지만 노련한 선장 밑에는 14명의 젊고 유능한 선원들이 타고 있었다. 선장은 배를 잘 인도하였고 우리 선원들은 제각기 있는 힘을 다하여 노를 저었다. 나는 언젠가 이 "작은 배"의 옆을 다시 한번 지나갈는지는 모른다. 그러나 결코 다시는 이 "미국문화비평"이라는 주제의 바다에 배를 띄우고, 젊고, 겁없고, 자유분방하고, 활기찬 미국의 선원들과 함께 배를 저어 볼 기회는 분명 없을 것이다. 나의 눈에 눈물이 고이는 것을 느낀다. 모두들 어디에 있는가? 무엇을 하고 있는가? 대답

좀 해 다오!

(1998년 12월)

안개 속으로

　서울에 살고있는 나이든 사람들 대개가 그러하듯이 나도 어린 시절을 시골에서 보낸 사람 가운데 한 사람이다. 그동안 오랫동안 도시에서 살다보니 어린 시절 함께 시간을 보낸 자연과는 사뭇 거리가 멀어졌고, 가끔 불현듯 생각이 나기는 하지만 생각에 머물 뿐 곧바로 잊어버리고 만다. 그런데 금년도 어느덧 6월 달로 접어들어 새로운 여름이 찬란하게 펼쳐지려는 지금 오늘따라 새삼스레 생각나는 것이 하나 있다. 안개다. 이른 여름날 아침이면 으레 들이나 강가, 산자락, 언덕 위 등 어느 곳에서나 흔히 볼 수 있었던 그 안개 — 그 안개를 보지 못한 지가 꽤나 오래되었다. 이따금 고속도로에서 짙은 안개로 인한 끔찍한 교통사고가 발생하였다는 뉴스를 들으면서도 나는 그동안 이 안개의 실상을 잊고 살아온 것이 사실이

다. 자동차라는 문명의 이기가 우리의 생활필수품처럼 되어
버린 오늘에 와서 겨울철 낭만의 대명사격인 눈의 운명이 그
렇게 되었듯이 어느덧 여름 안개도 우리의 생명을 위태롭게
만드는 귀찮은 존재가 되어버렸다.

그렇지 않은 때가 있었다. 여름날 아침이면 나는 으레 잠
자리채를 들고 밤사이 초가집 추녀 밑에 만들어진 거미줄을
걷어들이기 위하여 남들보다 일찍 일어났다. 잠자리를 좇아
들판을 지날라치면 나의 맨발과 정강이는 물론 바지까지 온
통 아침 이슬에 젖었다. 아침해가 떠올라 세상이 밝아짐과 동
시에 풀잎에 맺힌 이슬들은 일제히 순간적으로 보석처럼 아
침 햇살에 반짝이고는 이내 사라졌으며, 나의 잠자리채에 수
집된 거미줄들도 그 끈끈함을 상실하였다. 그리고 서서히 안
개도 걷혔다.

한때 그곳에는 참으로 안개가 많았다. 특히 여름날 아침에
는 그랬다. 나는 자주 강둑 위를 걸으면서 이 안개의 구름 속
에 파묻히는 경험을 하였다. 나는 지금도 그 신비스런 경험을
잊을 수가 없다. 그리고 이런 숭고한 경험을 이 세상에 안개
라는 것이 어떤 것인지조차도 모르는 나의 아이들에게 설명
할 수 없음을 안타까워한다. 자연은 언제나 아름다운 것이지
마는 안개에 묻힌 자연은 더욱더 아름답고 신비스럽게만 보
였다.

그런데 대단히 유감스럽게도 한때 언제 어디서나 자주 볼

수 있었던 그 많고 흔했던 안개가 이제는 나의 주변에서 쉽게 볼 수 없게 되었다. 한때는 서울 근교에서도 얼마든지 안개를 접할 수 있었다. 그런데 그 안개가 어디론지 자취를 감춘 것이다. 초가집들만이 있었던 자리에 이제는 현대식 고층 아파트가 즐비하게 들어선 시골의 사정도 크게 다르지 않다는 것이 고향 친구의 설명이다. 그리고 보면 전등의 등장과 함께 우리의 생활로부터 진정한 의미에서의 밤이 사라져 버렸듯이―칠흑 같이 캄캄한 밤이―이 안개도 사람들이 북적거리는 것이 싫어서 어느 곳으로 도망해버린 것이 분명하다. 깊은 산 속에 홀로 살고있는 메아리처럼 안개도 고독을 즐기는 모양이다.

안개는 이슬과 더불어 그 부드러움과 잠깐 머물고 쉽게 사라져 버리는 그 일시성, 그리고 연약함 때문인지는 몰라도 자고로 동서양 시인들의 각별한 사랑을 받게 된 자연물 가운데 하나이다. "안개와 같은 인생아, 얼마나 네가 살겠느냐, 밝은 해가 비치면 없어져,"라는 노래는 내가 아주 어린 시절 언제 누구에게 배웠는지, 어디에서 읽었는지조차도 기억이 없는 노래의 가사이다. "세월이 흐르고 이제 그 이름은 재보다 더 고운 저 안개 속에 스며 있느니,"라고 시인 피천득은 사랑을 노래하였다. 인도의 시인 타고르는 "사랑이 그렇듯이 안개는 언덕과 강, 그리고 산의 가슴 위에서 놀면서 아름다움과 놀라움을 가져다 준다."라고 적었다. 분명 안개에는 사랑의 속성이 들어있다.

　사랑이 그러하듯이 안개는 삭막한 현실을 아름답고 신비스런 세계로 변화시키는 신기한 힘을 가지고 있다. 우리의 시각을 적당히 방해하여 사물의 모습을 희미하게 만들고, 모나고 뾰족하고 딱딱한 모서리들을 뭉개어 무디게 만들고, 그 속에 있는 모든 것들을 어루만지면서 감싸줌으로써 안개는 자기의 품에 들어온 세계를 현실보다 부드럽게, 신비스럽게, 그리고 아름답게 만든다. 사랑에 빠진 사람에게 구태여 사랑의 의미를 물어볼 필요가 없듯이, 안개 낀 날 아침 일찍 강가에 서서 떠오르는 태양과 함께 들려오는 새의 노래 소리를 들으면서 안개의 의미를 물어볼 필요는 없다. 그저 가만히 서서 보고, 듣고, 느끼면 그만이다.

　그런데 사랑하는 사람을 별다른 이유도 없이 아무런 말도 없이 훌쩍 떠나버린 무정한 사람처럼 나는 안개를 뒤로하고 어느 날 고향을 떠났다. 그 후 지난 오십여 년 간 나는 안개를 포함해서 나의 삶에 있어서 안개와 같은 것, 다시 말해서, 애매한 것, 분명하지 않은 것, 약한 것, 무른 것, 부드러운 모든 것들을 애써 피하고 멀리하려고 노력하면서 지금까지 살아왔다. 나의 젊음에 수반하는 자만심과 오만함을 가지고 나는 만사에 있어서 좀더 분명한 것, 현실적인 것, 그리고 강하고 단단한 것들을 선호했던 것이다. 따지고 보니 안개가 나를 떠난 것이 아니고 내가 안개를 떠난 것이다. 그런 내가 이 여름날 아침 오늘따라 새삼스럽게 나의 주변에서 안개가 사라졌음을 인식하고 슬퍼하는 이유는 무엇일까?

나의 나이와 더불어 안개가 다시 나를 찾아왔기 때문이다. 어린 시절 안개 낀 강가에서 있었을 때에 그랬듯이 이제 다시 짙은 안개가 나의 시야를 가리기 시작하였다. 이제 모든 것이 희미하다. 분명한 것이 없어 보인다. 얼마 전까지만 하여도 만사를 분명하게 그리고 선명하게 갈라놓았던 그 경계선이─옳고 그름, 선과 악, 흑과 백, 사랑과 미움, 친구와 적, 성공과 실패, 만남과 헤어짐, 삶과 죽음─이 모든 것들이 안개에 덮여 있었던 시골 풀밭의 좁은 길처럼 잘 보이지가 않게 되었다. 그리고 이제는 모두 안개 속으로 사라져 희미해져버린 나의 어린 시절, 지나간 시간과 사건들을 안개 낀 눈으로 회고하고 회상하는 것이 어느덧 나의 중요한 일과가 되어버렸다.

(2004년 6월 14일)